전국한자능력검정시험 7급

초판 1쇄 인쇄   2013년 4월 5일
초판 1쇄 발행   2013년 4월 10일

지 은 이   김귀선
펴 낸 이   방은순
펴 낸 곳   도서출판 프로방스
북디자인   DesignDidot 디자인디도
마 케 팅   최관호

주   소   경기도 고양시 일산동구 백석2동 1330번지
            브라운스톤일산 102동 913호
전   화   031-925-5366~7
팩   스   031-925-5368
E-mail   Provence70@naver.com
등록번호   제313-제10-1975호
등   록   2009년 6월 9일
I S B N   978-89-89239-76-5 (13710)

값 9,000원
파본은 구입처나 본사에서 교환해드립니다.

전국 7급 한자능력 검정시험

김귀선 지음

이 책을 펴내면서

대부분의 사람들은 한자를 배웠지만 쉽게 기억되지 않고 기억되었다 하더라도 쉽게 잊어버리는 경향 있고 대학을 나온 어른들마저 어려워하시는 경우를 종종 보아왔습니다. 그래서 어떻게 하면 쉽게 기억 할 수 있을까를 고민하다가 남녀노소 누구에게나 친숙한 방식인 이야기식 한자라면 좋겠다 싶어 만들게 되었습니다.

물론 한자가 만들어진 의미나 배경 그 시대를 온전히 이해하기란 한계가 있을 수밖에 없겠습니다만 적어도 우리말의 약70%정도가 한자이고 보니 어려워도 안할 수가 없고 또한 우리말의 상당부분의 말들이 한자의 의미를 알면 그 말의 의미나 뜻도 잘 알 수 있기 때문입니다.

이야기식으로의 스토리를 만들어 되도록 현재적인 의미와 상황으로 연출하려하였으며 학습자가 학습하시고 오래토록 기억하기 쉽게 만들고자 노력하였습니다.

교재가 점점 두꺼워지고 그에 비례하여 가격대가 올라가 부담이 가중 되었던 것도 사실입니다. 그래서 이번에 만들어진 교재는 불필요한 부분을 과감히 삭제하여 각권의 들어가 있는 배정한자의 한도 내에서 다루어졌음을 알려드립니다. 우리에게 친숙한 단어를 사용하고자 했으며 예전에 사용하였지만 요즘 현대에 와서는 거의 사용하지 않는 어려운 단어를 쉽게 해석하려 노력하였습니다.

또한 이 책에서는 한자를 해석하는데 필요한 부수들을 넣어 한자의 이해를 도왔으며 예상문제를 비롯한 복습을 위한 써보기 문제와 특별히 한자어문회에서 제공되어지는 년도 별 실제수록문제인 기출문제를 각각 3회씩 교재의 뒷면에 실어 미리 실전문제를 접하여 봄으로서 시험응시에 대하여 막연한 불안감을 해소시키고 자신감을 높여 시험에 무리 없이 응시할 수 있도록 하였습니다.

교재를 충실하게 하신다면 합격하시는 데에 큰 무리가 없을 것이며 실생활에서 학습내용이 기억에 남아 평생 사용하시는 데 이로울 것 입니다. 전단계의 한자를 충분히 숙지하신 연 후에 본 교재를 학습하신다면 훨씬 도움이 될 것입니다.

김 귀 선

Q & A
전국한자능력검정시험이란?

전국한자능력검정시험(全局漢子能力檢定試驗)은 사단법인 한국어문회가 주관하여 한국한자능력검정회가1992년 12월19일 3회 시험을 시행한 이래 매년 3회의 시험을 시행하는 국내 최고의 한자능력검정시험이다.

전국한자능력검정시험은 시행 이래 현재까지 꾸준한 발전을 거듭하였고, 2001년 1월 1일자로 교육인적자원부의 "국가공인자격증"으로 인증받음으로써, 한자 학습자의 학습 의욕을 한층 고취시켰다. 전국한자능력검정시험은 개인별 한자능력에 대한 객관적인 급수 평가가 부여될뿐 아니라 사회적으로도 한자능력 우수인재를 양성함에 목적이 있다.

전국한자능력검정시험은 8급에서 4급까지를 교육급수로, 3급에서 1급까지를 공인급수로 구분하고 있으며, 시험에 합격한 초·중·고 재학생은 그 내용이 수행평가 및 생활기록부에 등재되고, 대학 수시 모집 및 특기자 전형지원, 대입 면접 가산·학점 반영·졸업 인증 등의 혜택이 주어지고, 기업체에서는 입사·승진·인사고과 등에 반영이 되고있다.

유형별 출제 기준표

문제유형	8급	7급	6급 II	6급	5급	4급 II	4급	3급 II	3급	2급	1급
독음	24	32	32	33	35	35	30	45	45	45	50
훈음쓰기	24	30	29	22	23	22	22	27	27	27	32
한자쓰기	0	0	10	20	20	20	20	30	30	30	40
장단음	0	0	0	0	0	0	5	5	5	5	10
반의어 / 상대어	0	2	2	3	3	3	3	10	10	10	10
완성형	0	2	2	3	4	5	5	10	10	10	15
부수	0	0	0	0	0	3	3	5	5	5	10
동의어 / 유의어	0	0	0	2	3	3	3	5	5	5	10
동음이의어	0	0	0	2	3	3	3	5	5	5	10
뜻풀이	0	2	2	2	3	3	3	5	5	5	10
필순	2	2	3	3	3	0	0	0	0	0	0
약자	0	0	0	0	3	3	3	3	3	3	3
읽기 배정한자수	50	150	300	300	500	750	1,000	1,400	1,817	2,355	3,500
쓰기 배정한자수	없음	없음	50	150	300	400	500	750	1,000	1,817	2,005

※ 쓰기 배정한자는 한 두 급수 아래의 읽기 배정한자이거나 그 범위 내에 있음.

※ 위의 출제 기준표는 기본지침자료로서, 출제 의도에 따라 변동이 있을 수 있음.

급수별 합격 기준표

구분	8급	7급	6급 II	6급	5급	4급 II	4급	3급 II	3급	2급	1급
총문항수	50	70	80	90	100	100	100	150	150	150	200
시험시간(분)	50	50	50	50	50	50	50	60	60	60	90
합격점	35	49	56	63	70	70	70	105	105	105	160

※ 1급은 출제 문항수의 80%이상, 기타 급수는 70% 이상 득점이면 합격.

급수별 배정한자의 수준 및 특성

구분	급수	수준 및 특성	대상 기준
교육급수	8급	읽기 50자, 쓰기 없음 유치원생이나 초등학생의 학습동기 부여를 위한 급수	초등학교 1학년
	7급	읽기 150자, 쓰기 없음 한자공부를 처음 시작하는 분을 위한 초급단계	초등학교 2학년
	6급 II	읽기 300자, 쓰기 50자 한자 쓰기를 시작하는 첫 급수	초등학교 3학년
	6급	읽기 300자, 쓰기 150자 기초 한자 쓰기를 시작하는 급수	초등학교 3학년
	5급	읽기 500자, 쓰기 300자 학습용 한자 쓰기를 시작하는 급수	초등학교 4학년
	4급 II	읽기 750자, 쓰기 400자 5급과 4급의 격차를 해소하기 위한 급수	초등학교 5학년
공인급수	4급	읽기 1,000자, 쓰기 500자 초급에서 중급으로 올라가는 급수	초등학교 6학년
	3급 II	읽기 1,400자, 쓰기 750자 4급과 3급의 격차를 해소하기 위한 급수	중학생
	3급	읽기 1,817자, 쓰기 1000자 신문 또는 일반 교양어를 읽을 수 있는 수준	고등학생
	2급	읽기 2,355자, 쓰기 1,817자 상용한자 외에 인명 · 지명용 한자를 활용할 수 있는 수준	대학생 · 일반인
	1급	읽기 3,500자, 쓰기 2,005자 국한 혼용문을 불편없이 읽고 한문 원전을 공부할 수 있는 수준	전문가 · 일반인

우대사항

급수	효력	생활기록부 기재란	관련 규정
1급 ~ 3급	국가공인자격증	'자격증'란	교육부 훈령 제 616호 11조
4급 ~ 8급	민간자격증	'세부사항'란	교육부 훈령 제 616호 18조

※ 생활기록부의 '세부사항' 등재(4급 Ⅱ~8급)는 교육부 훈령의 권장사항으로, 각급 학교 재량에 따릅니다.

합격기준

구분	8급	7급	6급 Ⅱ	6급	5급	4급 Ⅱ	4급	3급 Ⅱ	3급	2급	1급
출제문항수	50	70	80	90	100	100	100	150	150	150	200
합격문항수	35	49	56	63	70	70	70	105	105	105	160

※ 1급은 출제 문항수의 80%이상, 2급~8급은 70%이상 득점하면 합격입니다.

시험시간

구분	8급	7급	6급 Ⅱ	6급	5급	4급 Ⅱ	4급	3급 Ⅱ	3급	2급	1급
시험시간				50분					60분		90분

※ 응시 후 시험 시간 동안 퇴실 가능 시간의 제한은 없습니다.
※ 시험 시작 20분 전까지 고사실에 입실하여야 합니다.

한자의 3요소(특징)

우리 한글은 소리 글자 (표음문화)인 반면, 한자(漢字)는 뜻 글자(표의문자)이다.

이를테면, 우리말은 '나무'란 뜻을 가진 말을 나타낼 때는 '나무'라는 모양으로 쓰고 또 소리도 '나무'라고 읽는다. 그러나, 한자에서는 우선 '木'과 같은 모양으로 쓰고, '목'이라고 읽으며 '나무'란 뜻으로 새긴다. 이처럼 모든 한자는 글자마다 일정한 모양·소리·뜻을 갖추고 있어서 한자 공부라고 하면 이 세가지를 한 덩어리로 동시에 익히는 일이다.

1 한자의 모양(形)

한자가 지닌 일정한 모양으로, 다른 글자와 구별되는 요소이다.
'人'과 '木'자처럼 '사람'이나 '나무' 모양을 본뜬 그림이 발전하여 일정한 모양을 갖는 글자도 있고, 또한 '人(인 : 사람)'과 '木(목 : 나무)'이 서로 결합하여 '休(휴 : 쉬다)'자와 같이 두자 이상이 모여 이루어진 글자도 있다.

2 한자의 소리(音)

'木'을 어떻게 읽는가 하는것이 '음'이다. 이 글자는 음이 '목'이고, '나무'란 뜻이다.
한자도 1자 1음이 원칙이기는 하나, 1자 2음, 또는 1자 3음도 있다. 예를 들면 '樂'자를 '락' 이라고 읽으면 '즐겁다'는 뜻이지만, '악'이라고 읽으면 '노래'란 뜻이 되고, '요'라고하면 '좋아하다'의 뜻이 된다.

3 한자의 뜻(義)

의(義)를 우리말로는 '뜻'이라고 하고, 이 한자의 뜻을 우리말로 새긴 것을 훈(訓)이라고 한다.
한자는 뜻 글자이기 때문에 제각기 고유한 뜻을 지니고 있는데, 인류의 문화가 날로 발달하고 사회가 복잡해지면서 한자의 뜻도 이에 따라 차츰 그뜻이 갈려나가 10여가지나 되는 것도 있다. 이를테면 '日'자가 어떤 때는 '해'이고 또 어떤경우에는 '날'의 뜻이 되는가를 한자어나 한문의 문맥에 따라 그때 그때 익혀야한다.

한자의 부수(部首)

부수란 자전(字典)이나 옥편(玉篇)에서 글자를 찾는 데 편리하도록 필요한 길잡이 역할을 하는 기본 글자를 말한다.

한자의 부수 글자는 1획에서 17획까지 모두 214자이고, 한 글자의 일정한 위치에만 쓰이는 것도 있고, 여러 자리에 들어가서 쓰이는 것도 있다. 또한 부수가 놓이는 자리에 따라 그 모양이 바뀌는 것도 있다. 예를 들면 '手(손 수)'가 '변'의 자리에 쓰일 경우 '扌(재방변)'으로 바뀌는 따위이다.

변 仁
한자의 왼쪽에 위치한 부수를 '변'이라고 한다.
사람인변(亻), 이수변(冫), 두인변(彳), 심방변(忄), 재방변(扌), 삼수변(氵), 개사슴록변(犭), 좌부변(阝) 등
예 仁, 冷, 役, 性, 技, 法, 狂, 防 등

방 利
한자의 오른쪽에 위치한 부수를 '방'이라고 한다.
칼도방(刂), 병부절(卩), 우부방(阝) 등
예 利, 印, 郡 등

머리 冠
한자의 위쪽에 위치한 부수를 '머리'라고 한다.
돼지해머리(亠), 민갓머리(冖), 갓머리(宀), 초두머리(艹), 필발머리(癶), 비우(雨), 대죽머리(竹), 손톱조(爪) 등
예 交, 冠, 家, 草, 發, 答, 雷, 爭 등

엄 原
한자의 위에서 왼쪽 아래로 걸쳐진 부수를 '엄'이라고 한다.
민엄호(厂), 주검시엄(尸), 엄호(广), 범호엄(虍) 등
예 虎, 原, 居, 店 등

발 無
한자의 밑에 위치한 부수를 '발'이라고 한다.
어진사람인발(儿), 연화발(灬) 등
예  등

받침 延
한자의 왼쪽에서 아래로 걸친 부수를 '받침'이라고 한다.
민책받침(廴), 책받침(辶) 등
예 延, 近 등

에울몸 國
한자의 전체를 에워싸고 있는 부수를 '에울몸'이라고 한다.
위튼입구몸(凵), 터진입구몸(匚), 큰입구몸(口) 등
예 凶, 區, 國 등

제부수 龍
그 한자의 자체가 부수인 것을 '제부수'라고 한다.
예 土, 父, 生, 立, 金, 黑, 龍 등

한자의 육서(문자의 구조)

한자는 일정한 모양과 소리, 뜻 이 세가지의 요소로 이루어지며 이러한 일정한 원칙과 원리를 六書(육서)라 한다. 육서의 종류에는 상형문자, 지사문자, 형성문자, 회의문자, 전주문자, 가차문자로 이루어져 있고, 한자의 90%가 지사자나 상형자를 조합하여 만들어졌다.

● **상형(相形)** 모양을 그대로 본뜨거나 특징을 잡아서 만든 글자이다.

예 日(날 일)　禾(벼 화)　月(달 월)

● **지사(支社)** 눈으로 직접 볼 수 없는 추상적인 개념의 글자이다.

예 上(윗 상)　下(아래 하)

● **형성(形成)** 한자의 한 부분은 의미가 들어 있고 다른 부분은 소리를 내어 주는 글자이다.

예 江(강 강)　河(물 하)　明(밝을 명)　林(수풀 림)

● **회의(會議)** 두 개의 글자가 모여서 새로운 의미의 전혀 다른 글자가 만들어지는 글자이다.

예 信(믿을 신)　孝(효도 효)　功(공 공)

● **전주(轉注)** 원래의 글자에서 의미가 점점 확대되어 한 글자 안에 여러 가지의 뜻을 담게 한 글자이다.

예 考(생각할 고)　老(늙을 로)　樂(노래 악)　惡(악할 악)

● **가차(假借)** 원래 없던 글자를 거짓으로 빌려와서 원래의 뜻과 상관없이 음만 빌려서 사물을 표현한 글자이다.

예 令(하여금 령)　長(긴 장)　基督(기독)　巴利(파리)

한자의 필순

한자의 필순이란 한자를 쓸 때 순서나 차례에 맞게 써내려 가는 것을 말한다. 글자의 순서나 쓰임새 모양을 제대로 알고 쓰면 기억하기 쉽고 글자를 바르게 쓸 수가 있다.

1 왼쪽에서 오른쪽으로 차례대로 쓴다.

川 (내 천) → 丿 丿丿 川

2 위에서 아래로 써내려 간다.

三 (석 삼) → 一 二 三

3 가운데를 먼저 쓴다.

水 (물 수) → 亅 刂 水 水

4 가로획을 먼저 긋고 난 후 쓴다.

木 (나무 목) → 一 十 才 木

5 몸이나 바깥쪽을 먼저 쓴다.

四 (넉 사) → 丨 冂 冊 四 四

6 점은 맨 나중에 찍는다.

犬 (개 견) → 一 ナ 大 犬

7 가운데를 꿰뚫어 긋는다.

中 (가운데 중) → 丨 冂 口 中

자전(字典)에서 한자를 찾는 법

※ **자전이란 :** 한자의 음(音)과 훈(訓)을 해석한 책으로 옥편(玉篇)이라 한다.
한자의 사전이라고 보면 된다.

1 음으로 찾기

찾고자 하는 한자의 음(音)을 알면 자음 색인에서 국어사전의 경우처럼 ㄱ
ㄴ ㄷ ㄹ ㅁ…의 순으로 찾으면 된다.

> **예** 弟(아우 제)의 음인 '제'를 자음 색인에서 찾는다.

2 부수로 찾기

찾고자 하는 한자의 부수(한자의 글자에서 대표로 뜻을 갖는 글자)를 알면
그 부수를 획수별로 구분되어 있는 부수 색인에서 찾은 뒤 부수를 제외한 나
머지 획수를 세어 찾는다.

> **예** 弟(아우 제)의 부수인 '弓(활 궁)'의 3획을 부수 색인에서 찾는다.

3 총획수로 찾기

찾고자 하는 한자의 음과 부수 모두 모를 경우는 필순의 원칙에 맞게 정확한
총획수를 세어 총획 색인에서 찾는다.

> **예** 弟(아우 제)의 총획수인 7획을 총획 색인에서 찾는다.

목차

한 자 능 력 검 정 시 험
7
급
배 정 한 자 1 0 1 자

工 장인 공	車 수레 차	登 오를 등	間 사이 간	江 강 강	家 집 가
歌 노래 가	洞 고을(골) 동	動 움직일 동	空 빌 공	同 한가지 동	道 길 도
答 대답 답	名 이름 명	每 매양 매	面 낯 면	命 목숨 명	問 물을 문
物 물건 물	文 글월 문	冬 겨울 동	色 빛 색	夕 저녁 석	世 세상(인간) 세
姓 성 성	所 바 소	手 손 수	數 셈 수	少 적을 소	然 그럴 연
右 오른 우	左 왼쪽(왼) 좌	午 낮 오	有 있을 유	育 기를 육	入 들 입
邑 고을 읍	夏 여름 하	下 아래 하	便 편할 편	平 평평할 평	春 봄 춘
出 날 출	祖 할아비 조	足 발 족	主 주인 주	重 무거울 중	紙 종이 지
地 땅 지	住 살 주	語 말씀 어	心 마음 심	安 편안 안	食 밥 식
時 때 시	植 심을 식	市 저자(시장) 시	百 백 백	方 모(모나다) 방	夫 지아비 부

不 아닐 부	算 셈 산	事 일 사	上 윗 상	立 설 립
林 수풀 림	來 올 래	力 힘 력	老 늙을 로	里 마을 리
男 사내 남	農 농사 농	内 안 내	氣 기운 기	旗 깃발(기) 기
口 입 구	正 바를 정	前 앞 전	電 번개 전	場 마당 장
全 온전 전	自 스스로 자	字 글자 자	子 아들 자	千 일천 천
直 곧을 직	天 하늘 천	川 내 천	秋 가을 추	草 풀 초
村 마을 촌	話 말씀 화	活 살 활	海 바다 해	漢 한수(한나라) 한
花 꽃 화	孝 효도 효	後 뒤 후	休 쉴 휴	記 기록할 기
國 나라 국				

7급

일백 백

| 총획 | 6획 | 뜻 | 일백, 백번, 백배하다

숫자 일백을 말한다. 白(흰백)하얗게 빛나는 一하나의 태양이 백번 뜨고 지다.

● 사자성어
百尺竿頭(백척간두), 百世之師(백세지사)

● 쓰기순서

일천 천

| 총획 | 3획 | 뜻 | 일천, 여러 번, 수효가 많다

숫자 일천을 말한다. 열이 기본단위가 되어서 百(백백)백이 十(열십) 열개가 모이면 千천이 된다.

● 사자성어
千字文(천자문), 千不當萬不當(천부당만부당)

● 쓰기순서

빛 색

| 총획 | 6획 | 뜻 | 빛깔, 색채, 광택, 얼굴빛, 기색

빛을 말한다. (⺈은 人사람인의 변형)사람이 뱀을 보니 화려한 빛의 꽃 巴(뱀파)뱀이 두 눈을 크게 뜨고 있는 모양. 뱀의 가죽이나 악어백은 유난히 빛이 더 난다. (뱀파 꼬리파 땅이름파) (⺈ 주로 위쪽에서 쓰임)

● 사자성어
綠色(녹색), 丹色(단색), 傾國之色(경국지색)

● 쓰기순서

| 총획 | 12획 | 뜻 | 사이, 끼이다, 이간질하다 |

사이를 말한다. 門(문문)문빗장사이 日(날일)해가 비추다.
(日 날일, 해, 날 수)

● 사자성어
時間(시간), 其間(기간), 伯仲之間(백중지간)

● 쓰기순서
丨 丨 𝌁 門 門 門 門 間 間 間

사이 간

| 총획 | 12획 | 뜻 | 심다, 수립하다, 자라다 |

심다의 뜻이다. 木나무를 直(곧을직) 곧게 펴서 심다.

● 사자성어
植字(식자), 植付(식부)

● 쓰기순서
一 十 才 木 术 朾 柿 柿 柿 植 植 植

심을 식

| 총획 | 8획 | 뜻 | 목숨, 생명 |

목숨을 말한다. 죄인의 목숨은 임금의 口(입구)입으로 하는 말 한마디
로 令(하여금령)하여금 죽기도하고 살기도 한다.

● 사자성어
運命(운명), 生命(생명), 命令(명령), 任命(임명)

● 쓰기순서
丿 人 人 合 合 合 命 命

목숨 명

| 총획 | 7획 | 뜻 | 고을, 마을 |

고을을 말한다. 사람이 무리지어 모여 사는 곳이 고을이다.

● 사자성어
都邑地(도읍지), 邑內(읍내)

● 쓰기순서

| 총획 | 5획 | 뜻 | 저작거리, 시장, 번화가 |

시장을 말한다. 저자거리 시장에 장날에는 巾(수건건)수건 같은 깃발을 亠(머리두)머리 끝까지 달고 장이 열렸다.

● 사자성어
市場(시장), 特別市(특별시)

● 쓰기순서

| 총획 | 10획 | 뜻 | 집, 가족, 문벌 |

집을 뜻 한다. 宀(집면)집에서 豕(돼지시)돼지를 키우다.

● 사자성어
家族(가족), 家庭(가정)

● 쓰기순서

밥 식

| 총획 | 9획 | 뜻 | 밥, 음식 기르다

밥을 말한다. 人 사람들이 모여 맛있는 밥을 먹으니 良(좋을량)좋다.

● 사자성어
飮食(음식), 食糧(식량), 食品(식품)

● 쓰기순서
丿 人 𠆢 今 今 今 食 食 食

길 도

| 총획 | 13획 | 뜻 | 길, 이치, 도리, 방법, 사상

길을 말한다. 首(머리수)머리를 들고 길을 辶 가다.
(辶 쉬엄쉬엄갈착, 갈착)

● 사자성어
道路(도로), 報道(보도)

● 쓰기순서
丷 丷 丷 並 首 首 首 首 道 道 道

바 소

| 총획 | 8획 | 뜻 | ～하는 바, 어떤 곳, 처소, 장소

어떤 장소를 말함. 戶(집호)집 안에서 斤(도끼근)도끼로 장작을 패고
어떤 所장소에 두다.

● 사자성어
所願成就(소원성취), 所向(소향), 所任(소임), 所得(소득),
場所(장소)
・所向(소향) : ～향하여 가는 곳

● 쓰기순서
丶 𠃌 戶 戶 戶 所 所 所

| 종획 | 8획 | 뜻 | 초목, 아름다움, 꽃답다 |

꽃을 말한다. ⁺⁺ 풀같은 싹이 점점 꽃이 化(될화)되어 간다.

● **사자성어**
花中(화중), 花遊(화유)
·花遊(화유) : 꽃놀이

● **쓰기순서**
花

꽃 화

| 종획 | 6획 | 뜻 | 살다, 거주하다, 머무르다, 유숙하다, 거처 |

살다의 뜻이다. 亻 사람이 主(주인주)주인이 되어 살다.

● **사자성어**
住宅(주택), 住所(주소)

● **쓰기순서**
住

살 주

| 종획 | 7획 | 뜻 | 효도하다, 본받다, 섬기다 |

효도를 말한다. 耂(늙을로)늙으신 부모님께 효도하는 子. 아들.

● **사자성어**
孝道(효도), 孝子(효자), 孝女(효녀)

● **쓰기순서**
孝

효도 효

쉴 휴

| 총획 | 6획 | 뜻 | 쉬다, 멈추다, 그치다 중지하다

쉬다의 뜻이다. 사람은 나무 아래에서 쉬는 것이 아주 좋다. 木(나무목)나무는 亻(사람인)사람에게 이로운 물질을 내어준다. (亻＝人)

● 사자성어
休作(휴작), 休兵(휴병), 休兆(휴조)
・休作(휴작) : 지력을 높이려고 한동안 작물(作物)의 재배(栽培)를 중지(中止)하는 일
・休兵(휴병) : 군사(軍士)를 쉬게 하여 기운(氣運)을 기름

● 쓰기순서
丿 亻 亻 什 休 休

기운 기

| 총획 | 10획 | 뜻 | 기운, 기세, 힘, 기후

기운을 말한다. 米(쌀미)쌀로 만든 죽이나 밥을 먹고 气(기운기)기운을 차린다.

● 사자성어
氣不足(기부족), 氣候(기후), 氣勢(기세)

● 쓰기순서
丿 丿 气 气 气 氙 氙 氣 氣 氣

번개 전

| 총획 | 13획 | 뜻 | 번개, 전류, 번쩍이다, 빠름

번개를 말한다. 천둥과 번개를 동반한 雨(비우)비가 세차게 내리면 甲 갑옷같은 비옷을 입는다. (电은 甲 갑옷갑의 변형)

● 사자성어
電話(전화), 電氣(전기)

● 쓰기순서
一 一 一 一 雨 雨 雨 雷 雷 雷 雷 雷 電

편안할 **안**

| 총획 | 6획 | 뜻 | 평안, 편안함 평안히 지내다 |

편안하다의 뜻이다. 宀 집안에 女 여자가 편안하다.

● 사자성어
安全(안전), 不安(불안)

● 쓰기순서
丶 丶 宀 安 安 安

평평할 **평**

| 총획 | 5획 | 뜻 | 평평하다, 고르다, 정리가 되다, 판판하다 |

평평한 모양을 말한다. 어느 한 쪽으로 기울어짐이 없이 干 양쪽에 丷 물건들을 평평하게 올려놓은 형상.

● 사자성어
平平(평평), 平心(평심), 平地(평지)

● 쓰기순서
一 一 一 平 平

일 **사**

| 총획 | 8획 | 뜻 | 일, 직업, 관직, 대사, 사업 |

일을 말한다. 어떤 일이든 그 일에서 中 (가운데중) 가운데 중심을 잘 꿰뚫고 하는 것이 ⁷ 기본이다.

● 사자성어
事實(사실), 事例(사례)

● 쓰기순서
一 一 一 戸 巨 耳 耳 事 事

| 총획 | 5획 | 뜻 | 바르다, 바람직하다, 바로잡다 |

바르다의 뜻이다. 왔다 갔다 하는 것을 止(그칠지지)그치고 一한 줄로 바르게 서다.

● 사자성어
正確(정확), 正大高明(정대고명), 正人(정인), 正七品(정칠품)

● 쓰기순서
一 丁 下 正 正

바를 정

| 총획 | 8획 | 뜻 | 곧다, 바르다 |

곧다의 뜻이다. 곧게 펴서 ㄴ 바른 자세로 앉아 目(눈목)눈으로 十(열십)열 가지의 물건을 보다.

● 사자성어
直接(직접), 率直(솔직), 正直(정직)

● 쓰기순서
一 十 十 冇 冇 肖 直 直

곧을 직

| 총획 | 6획 | 뜻 | 한가지, 함께 |

한 가지를 말한다. 한가지로 | 꿰뚫어 司(맡을사)맡아 일하다.

● 사자성어
共同(공동), 同時(동시)

● 쓰기순서
丨 冂 冂 冋 同 同

한가지 동

| 총획 | 7획 | 뜻 | 수레, 수레바퀴 |

수레를 말한다. 수레 위에서 내려다보면 ┠田┨ 양쪽의 바퀴와 그 田 안에 짐을 실은 모양.

● **사자성어**
自動車(자동차), 車中談(차중담), 車上(차상)

● **쓰기순서**
一 ㄱ ㅋ 戸 百 亘 車

수레 차

| 총획 | 12획 | 뜻 | 마당, 무대, 장터, 넓은 곳 |

마당을 말한다. 昜(볕양)볕이 잘 드는 土(흙토)흙 마당.

● **사자성어**
立場(입장), 登場(등장), 滿場一致(만장일치)

● **쓰기순서**
一 十 土 圵 圽 垣 圽 坦 場 場 場

마당 장

| 총획 | 5획 | 뜻 | 인간, 세상, 세대, 한평생, 생애, 일생 |

세상의 뜻이다. 卅 + 十 = 30을 一한번 더 곱하면 60이 되고 60세는 한세상을 말한다. (卅 스물입(20)) (十 = 十 열십)

● **사자성어**
世界(세계), 別世(별세)

● **쓰기순서**
一 十 卅 卅 世

세상, 인간 세

| 총획 | 11획 | 뜻 | 움직이다, 떨리다, 동요하다 |

움직이다의 뜻이다. 重(무거울중)무거운 것에 力(힘력)힘을 가하니 움직이다.

● **사자성어**
運動(운동), 活動(활동), 不動産(부동산)

● **쓰기순서**
ノ 二 亍 亍 亩 亩 重 重 重 動 動

움직일 동

| 총획 | 2획 | 뜻 | 힘, 힘주다, 일꾼, 애쓰다 |

힘을 말한다. 一일자형 쇠를 ノ휘어 ㄱ 구부린다는 것은 곧 힘을 필요로 한다.

● **사자성어**
努力(노력), 能力(능력), 勢力(세력)

● **쓰기순서**
ㄱ 力

힘 력

| 총획 | 4획 | 뜻 | 낮, 정오, 일곱째지지 |

낮을 말한다. 하루 중에 한 낮 정오는 낮 12시이다. 한 낮을 정오라 하며 밤 12시는 자정이라 한다.

● **사자성어**
午前(오전), 午後(오후)

● **쓰기순서**
ノ ノ 二 午

낮 오

| 총획 | 3획 | 뜻 | 저녁, 저물다, 밤, 저녁에 뵙다 |

저녁을 말한다. 夕 저녁이 되어야 점차적으로 月(달월)달이 떠오른다. (夕→月)

● 사자성어
秋夕(추석), 朝夕(조석), 七夕(칠석)

● 쓰기순서
ノ ク 夕

저녁 **석**

| 총획 | 9획 | 뜻 | 낮, 얼굴표정, 가면, 탈 |

얼굴을 말한다. 얼굴 형태의 모양.

● 사자성어
面上(면상), 面事務所(면사무소), 面交(면교)

● 쓰기순서
一 丆 丆 而 而 而 面 面

낮, 얼굴 **면**

| 총획 | 9획 | 뜻 | 살다, 생존하다, 소생시키다, 생기있다 |

살다의 뜻이다. 氵(물수)물기가 촉촉한 舌(혀설)혀로 음식물들을 삼켜 에너지를 얻어 살다.

● 사자성어
生活(생활), 活用(활용), 活潑(활발)

● 쓰기순서
丶 丶 氵 汗 汗 活 活 活

살 **활**

| 총획 | 9획 | 뜻 | 뒤, 뒤지다, 뒤쳐지다

뒤를 말한다. 幺작은 걸음으로 彳조금씩 夂뒤를 따라온다.
(幺작을요, 夂뒤쳐올치)

● 사자성어
後三國(후삼국), 後日(후일), 後來(후래)

● 쓰기순서
丿 夂 彳 彳 彳 彳 後 後 後

뒤 후

| 총획 | 13획 | 뜻 | 말씀, 이야기, 말하다

말씀을 뜻한다. 舌(혀설)혀로 言(말씀언)말씀 하신다.

● 사자성어
說話(설화), 對話(대화)

● 쓰기순서
丶 亠 느 言 言 言 言 言 訁 訐 訐 話 話

말씀 화

| 총획 | 9획 | 뜻 | 봄, 젊은 나이, 움직이다

봄을 말한다. 따뜻한 夫봄日날.

● 사자성어
春三月(춘삼월), 椿丈(춘장), 春分(춘분)

● 쓰기순서
一 二 三 声 夫 耒 春 春 春

봄 춘

여름 **하**

| 총획 | 10획 | 뜻 | 여름, 오색의 배색, 채색

여름을 말한다. 여름에는 百(백백)백개 이상의 온갖 과일들이 夂(뒤처올치)뒤따라 열린다.

● 사자성어
立夏(입하), 春夏秋冬(춘하추동), 夏中(하중)

● 쓰기순서
一 一 一 一 一 丆 百 百 頁 夏 夏

가을 **추**

| 총획 | 9획 | 뜻 | 가을, 여물다, 때, 세월

가을을 말한다. 禾(벼화)벼가 익어가는 가을 들녘은 단풍마저 들어 마치 火(불화)불이 난 것 같다.

● 사자성어
秋分(추분), 立秋(입추), 秋夜長(추야장)

● 쓰기순서
一 二 千 禾 禾 禾 秋 秋 秋

겨울 **동**

| 총획 | 5획 | 뜻 | 겨울, 겨울을 지내다, 동면하다

겨울을 말한다. 겨울엔 추위가 夂뒤따라 오며 冫얼음이 언다.
(冫 = 冫 얼음빙)

● 사자성어
立冬(입동), 冬將軍(동장군), 冬氷可折(동빙가절)

● 쓰기순서
丿 ク 夂 冬 冬

나갈 출

| 총획 | 5획 | 뜻 | 나가다, 외출하다, 나타내다

나가다의 뜻이다. ㅣ 지팡이를 들고 山 山산으로 나가다.

● 사자성어
出世(출세), 出庫(출고), 出頭(출두)

● 쓰기순서
ㅣ 屮 屮 出 出

노래 가

| 총획 | 14획 | 뜻 | 노래, 노래하다, 노래짓다

노래를 할 때는 欠(하품흠)하품을 하듯이 입을 크게 벌리고 노래하는 것이 可(옳을가)옳고 可(옳을가)옳다.

● 사자성어
歌手(가수), 校歌(교가), 軍歌(군가)

● 쓰기순서
一 丆 丆 口 可 可 팤 뀩 哥 哥 哥 哥 歌 歌 歌

한나라 한

| 총획 | 14획 | 뜻 | 한나라의 강 이름, 종족의 이름

중국 한나라를 지칭한다. 氵양가강을 끼고 堇(진흙근)진흙을 메우고 人 사람들이 한나라를 만들다.

● 사자성어
한라산(漢拏山), 漢江(한강), 漢江投石(한강투석)

● 쓰기순서
丶 丶 氵 氵 汴 渄 汸 漭 漭 澊 漢 漢

| 총획 | 8획 | 뜻 | 성씨, 씨족, 겨레, 백성, 타고난 천성 |

성씨를 말한다. 生태어난 女여자아이에게 성씨를 주다.

- **사자성어**
百姓(백성), 姓名(성명), 姓氏(성씨)

- **쓰기순서**

성씨 **성**

| 총획 | 10획 | 뜻 | 기록하다, 쓰다, 적다 |

기록하다의 뜻이다. 己무릎 꿇은 자세로 명언의 言(말씀언)말씀들을 기록하다.

- **사자성어**
記者(기자), 記錄(기록)

- **쓰기순서**

기록할 **기**

| 총획 | 14획 | 뜻 | 기, 깃발, 군대 |

깃발을 말한다. 方(모방)네모난 其(그기)그 깃발을 들고 있는 人 사람.

- **사자성어**
國旗(국기), 太極旗(태극기)

- **쓰기순서**

기 **기**

| 총획 | 6획 | 뜻 | 이름, 이름나다, 평판, 소문 |

이름을 말한다. 夕(저녁석)저녁이 되면 어머니들이 아이들의 이름을 口(입구)입으로 부른다.

● 사자성어
名節(명절), 有名(유명)

● 쓰기순서
丿 夕 夕 夕 名 名

이름 **명**

| 총획 | 8획 | 뜻 | 물건, 만물, 사물 |

물건을 말한다. 牛(소우)소를 물건 취급하지 勿(말물)말아라.

● 사자성어
萬物(만물), 人物(인물), 物件(물건)

● 쓰기순서
丿 一 牛 牛 牛 物 物 物

물건 **물**

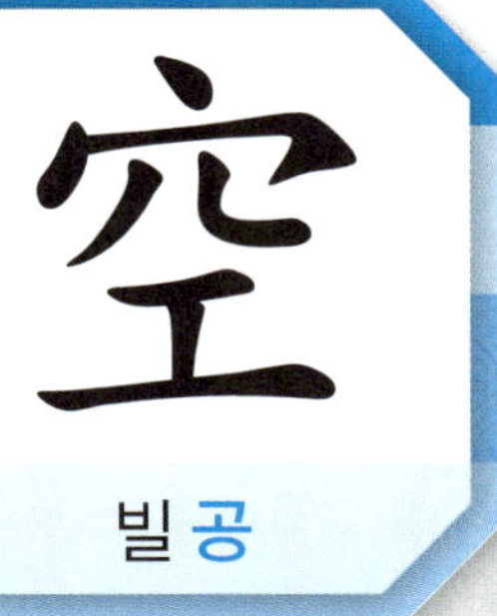

| 총획 | 8획 | 뜻 | 비어있다 ,비다, 공허하다 |

비다의 뜻이다. 工(장인공)장인이 만든 피리가 穴(구멍혈)구멍 뚫리고 안은 텅비다.

● 사자성어
空間(공간), 空港(공항), 虛空(허공)

● 쓰기순서
丶 丷 宀 宀 空 空 空 空

빌 **공**

종이 **지**

| 총획 | 10획 | 뜻 | 종이장, 신문

종이를 말한다. 氏(각시씨)각시가 닥나무 와 糸(실사)실로 종이를 만들다. (氏 성씨씨, 각시씨)

● 사자성어
便紙(편지), 白紙(백지), 漢紙(한지)

● 쓰기순서
' 乡 幺 夅 彳 糸 糸 糸 糸 紙

편할, 오줌 **변**

| 총획 | 9획 | 뜻 | 편하다, 쉬다

편하다의 뜻이다. 亻사람들이 불편한 것들을 更(고칠갱)고치니 편하다. 오줌 변으로 사용할 때는 소변을 배출하면 편해짐을 의미한다. (亻사람인은 측면에 올때 사용)

● 사자성어
形便(형편), 男便(남편), 便利(편리)

● 쓰기순서
丿 亻 仁 仁 佢 佢 佢 便 便

있을 **유**

| 총획 | 6획 | 뜻 | 있다, 존재하다, 소유하다, 가지다

있다의 뜻이다. 左(왼좌)왼쪽 손에 月 고기가 있다. (肉=月 달월은 고기육의 의미로도 사용한다.)

● 사자성어
保有(보유), 所有(소유), 有備無患(유비무환)

● 쓰기순서
丿 ナ オ 有 有 有

| 총획 | 7획 | 뜻 | 매양, 늘, 항상, 매화 |

매일의 의미이다. 母(어미모)엄마는 매일 자식을 걱정하는 人(사람인)분이다. (人 사람인의 변형으로 주로 위쪽에서 쓰임)

● 사자성어
每年(매년), 每日(매일), 每週(매주)

● 쓰기순서

매양 매

| 총획 | 8획 | 뜻 | 오다, 돌아오다 |

오다의 뜻이다. 从 사람들은 다가오는 미래를 보며 木(나무목)나무를 심는다. (从 쫓을 종)

● 사자성어
未來(미래), 去來(거래), 苦盡甘來(고진감래)

● 쓰기순서

올 래

| 총획 | 9획 | 뜻 | 골, 고을, 마을, 동네 |

마을을 말한다. 氵(물수)물이 있는 곳을 중심으로 마을이 형성되는 일은 同(한가지동)한가지로 같은 이치이다. 물이 없이는 살수가 없기 때문이다.

● 사자성어
空洞(공동), 洞里(동리)

● 쓰기순서

마을 동

| 총획 | 7획 | 뜻 | 마을, 고향, 이웃 |

마을을 말한다. 土 흙집을 짓고 田(밭전)밭작물을 심은 마을.

● **사자성어**
三千里(삼천리), 萬里(만리), 五里(오리)

● **쓰기순서**
丨 冂 日 甲 里 里

마을 리

| 총획 | 4획 | 뜻 | 안, 속, 내용, 국내, 들여놓다 |

안을 뜻한다. 冂 멀리서 오신 入 손님을 안으로 모시다.

● **사자성어**
內助(내조), 內外(내외), 內剛外柔(내강외유)

● **쓰기순서**
丨 冂 內 內

안 내

| 총획 | 8획 | 뜻 | 숲, 수풀 |

숲을 말한다. 木(나무목) 木 + 木 = 林 나무와 나무가 많은 숲.

● **사자성어**
林野(임야), 山林(산림)

● **쓰기순서**
一 十 才 木 术 村 材 林

수풀 림

| 총획 | 12획 | 뜻 | 대답, 회답, 대답하다, 답하다, 응락하다, 동의하다 |

대답을 말한다. ⺮ 대나무에 먹과 벼루를 合(합할합)합하여 붓으로 글을 써 서신으로 대답을 하다. (⺮ = 竹)

● 사자성어
對答(대답), 和答(화답), 答信(답신), 答問(답문)

● 쓰기순서
丿 ⺊ ⺮ ⺮ ⺮ ⺮ 炗 炗 笭 筡 答 答

대답 답

| 총획 | 5획 | 뜻 | 왼, 왼쪽 |

왼쪽을 말한다. 左 왼쪽으로 일하는 왼손잡이 工 장인.

● 사자성어
左右(좌우), 左衝右突(좌충우돌)

● 쓰기순서
一 𠂇 ナ 𠂇 左

왼쪽 좌

| 총획 | 5획 | 뜻 | 오른손, 오른쪽, 강하다 |

오른쪽을 말한다. 밥을 떠먹는 손은 右(오른우)오른손이다.

● 사자성어
右中間(우중간), 右往左往(우왕좌왕), 右代言(우대언)

● 쓰기순서
丿 ナ 𠂇 右 右

오른쪽 우

| 총획 | 10획 | 뜻 | 풀, 잡초 ,초원 |

풀을 말한다. 早(아침조)아침 이슬을 먹고 ⺿풀들이 자란다. (⺿ 풀초)

● 사자성어
花草(화초), 草綠(초록)

● 쓰기순서
丶 丷 ⺿ 艹 艹 背 背 苩 草 草

풀**초**

| 총획 | 5획 | 뜻 | 임금, 주인, 상전, 여호와, 하나님, 관계자 |

주인을 말한다. 王(임금왕)왕처럼 丶 머리에 상투를 쓴 주인.
(主주인은 王왕에서 따온 말)

● 사자성어
主客一體(주객일체), 主要(주요), 主張(주장)

● 쓰기순서
丶 一 二 干 主 主

주인 **주**

| 총획 | 4획 | 뜻 | 하늘, 하나님, 임금, 제왕, 자연 |

하늘이라는 뜻이다. 사람은 짐승과 달리 하늘의 大(큰대)큰 뜻과 一 위엣 것을 생각하며 산다.

● 사자성어
天上(천상), 天地(천지), 天下(천하)

● 쓰기순서
一 二 干 天

하늘 **천**

| 총획 | 5획 | 뜻 | 서다, 똑바로 서다, 멈추어 서다, 확고히 서다, 임하다 |

서다의 뜻이다. 두 사람이 함께 무언가를 머리에 쓰고서 재미있게 서 있는 모양.

● 사자성어
獨立(독립), 設立(설립), 樹立(수립)

● 쓰기순서
丶 一 亠 亣 立

설 립

| 총획 | 7획 | 뜻 | 마을, 시골, 촌스럽다 |

마을을 뜻한다. 일정한 寸(마디촌)마디를 따라 木나무를 심은 마을.

● 사자성어
村落(촌락), 農村(농촌), 江村(강촌), 村落(촌락)

● 쓰기순서
一 十 才 木 朾 村 村

마을 촌

| 총획 | 4획 | 뜻 | 글월, 문장 |

글을 말한다. 亠갓을 쓴 선비들이 乂양반다리로 어긋맞게 앉아서 글을 읽다.

● 사자성어
文書(문서), 論文(논문), 文房四友(문방사우)

● 쓰기순서
丶 一 亠 文

글월 문

字

글자 **자**

| 총획 | 6획 | 뜻 | 글자, 문자, 기르다

글자를 말한다. 예로부터 우리 민족은 교육열이 세계 어느 나라에 뒤지지 않았고 宀(집면)집에 있는 子(아들자)아들에게 글자를 가르쳤다.

● 사자성어
漢字(한자), 文字(문자)

● 쓰기순서
丶 丷 宀 宁 宁 字

問

물을 **문**

| 총획 | 11획 | 뜻 | 묻다, 방문하다 물음

물어보다의 뜻이다. 門문을 열고 口입으로 물어보다.

● 사자성어
問題(문제), 疑問(의문), 訪問(방문)

● 쓰기순서
丨 丨 冂 冃 冃 冃 門 門 門 問 問

祖

할아비 **조**

| 총획 | 10획 | 뜻 | 할아버지, 조상, 선조, 시초

할아버지라는 뜻이다. 할아버지는 손자에게 且(또차)또 서적을 示(보일시)보이시며 교육 하신다.

● 사자성어
祖上(조상), 祖國(조국)

● 쓰기순서
丶 一 亍 亓 示 礻 祀 和 祖 祖

| 총획 | 3획 | 뜻 | 아들, 자식, 남자, 사람

아들을 말한다. 아들이 누워 고개를 돌리고 있는 형상을 본떴다.

● 사자성어
遺傳子(유전자), 父傳子傳(부전자전)

● 쓰기순서
ㄱ 了 子

아들 자

| 총획 | 8획 | 뜻 | 기르다, 낳다, 자라다

기르다의 뜻이다. 子아들자가 ㄊ거꾸로 놓인 모양. 즉 거꾸로 된 것을
바로 잡는 것이 교육이며 月 사람을 기르다.
(肉 고기육, 月 육달월, 月 사람몸을 상징하기도 한다.)

● 사자성어
育成(육성), 敎育部(교육부), 敎育廳(교육청)

● 쓰기순서
ᐟ ㅗ ㅗ 云 亐 育 育 育

기를 육

| 총획 | 3획 | 뜻 | 장인, 기교, 솜씨

장인은 공예품을 만드는 사람을 말한다. 유명한 장인을 명장이라 한다.
丁(고무래정)괭이를 만들며 오직 一한길을 가는 장인.
(丁 고무래는 농사에 쓰이는 농기구)

● 사자성어
工事(공사), 士農工商(사농공상)

● 쓰기순서
一 丁 工

장인 공

농사 **농**

| 총획 | 13획 | 뜻 | 농사, 농사짓다, 농가, 노력하다 |

농사를 말한다. 옛날에 논은 曲(굽을곡)불구불하였다 농사는 음력을 기준 한다 천문현상인 달과 辰(별진)별의 징조를 중요시하였다.

● **사자성어**
農事(농사)

● **쓰기순서**

말씀 **어**

| 총획 | 14획 | 뜻 | 말씀, 말, 논하다 |

말씀을 말한다. 사람은 口입으로 매일 최소한의 五다섯마디 이상의 言(말씀언)말을한다.

● **사자성어**
國語(국어), 言語(언어), 英語(영어)

● **쓰기순서**

사내 **남**

| 총획 | 7획 | 뜻 | 사내, 아들 |

사내는 남자를 말한다. 田(밭전)밭에서 일하는 사내는 힘의 상징이다. 力(힘력)힘으로 田(밭전)밭을 떠받치고 있는 형상.

● **사자성어**
男便(남편), 男中一色(남중일색), 男俳優(남배우)

● **쓰기순서**

| 총획 | 6획 | 뜻 | 길 땅, 육지, 뭍, 대지, 토지 |

땅을 말한다. 土(흙토)땅에는 也구불거리는 여러 갈래의 길이 있다.

● 사자성어
易地思之(역지사지), 地方(지방), 地域(지역), 伏地(복지)

● 쓰기순서
一 十 土 圠 圳 地 地

땅 지

| 총획 | 10획 | 뜻 | 바다, 바닷물, 넓다 |

바다라는 뜻이다. 바다는 氵물이 每(매양매)매양 늘 있는 곳이다.
(每 매양, 늘, 항상)

● 사자성어
海外(해외), 東海(동해), 海洋(해양)

● 쓰기순서
丶 丶 氵 氵 汇 汇 海 海 海 海

바다 해

| 총획 | 10획 | 뜻 | 때, 그때, 기한, 시대 |

때를 말한다. 시계가 없던 시절에 寺(관청사)관청에서 日 매일 한낮 12
시와 밤 12시에 때를 알려주던 시절이 있었다.
(日 매일, 날, 태양을 뜻함)

● 사자성어
時間(시간), 當時(당시), 隋時(수시)

● 쓰기순서
丨 丌 冂 日 旷 旪 昈 昈 時 時

때 시

| 총획 | 14획 | 뜻 | 셈, 셈하다, 수효 |

셈을 말한다. 竹(대죽)대나무를 目(눈목)눈으로 보며 순서대로 잘 廾(받들공)받들어 줄로 꿰어 셈하다.

● 사자성어
算數(산수), 計算(계산), 利害打算(이해타산)

● 쓰기순서
丿 𠂉 𠂉 𥫗 𥫗 𥫗 竹 筲 筲 筲 笪 笪 算 算 算

셈 **산**

| 총획 | 15획 | 뜻 | 셈, 수량, 수효 |

셈을 말한다. 婁(자루루)자루를 攵(칠복)쳐가면 한 자루, 두 자루를 셈하다.

● 사자성어
多數(다수), 不知其數(부지기수), 小數(소수)

● 쓰기순서
丿 口 吅 吅 吅 吕 吕 吕 婁 婁 婁 數 數 數 數

셈 **수**

| 총획 | 6획 | 뜻 | 늙다, 노련하다, 오래되다 |

늙다의 뜻이다. 耂(늙을로)늙어 허리가 匕꼬부라지다.

● 사자성어
元老(원로), 百年偕老(백년해로), 不老草(불로초), 養老院(양로원), 敬老(경로)

● 쓰기순서
一 十 土 耂 老 老

늙을 **로**

적을 **소**

| 총획 | 4획 | 뜻 | 적다, 작다, 부족하다

적다의 뜻이다. 小(작을소)작은 것을 丿옆으로 다시 잘라내어서 더 적어진 모양이다.

● **사자성어**
減少(감소), 多少(다소), 男女老少(남녀노소)

● **쓰기순서**
丿 小 小 少

들 **입**

| 총획 | 2획 | 뜻 | 들이다, 받아들이다

들어가다 뜻이다. 고개를 숙이고 들어가는 형상을 본떴다.

● **사자성어**
介入(개입), 導入(도입), 出入(출입)

● **쓰기순서**
丿 入

지아비 **부**

| 총획 | 4획 | 뜻 | 지아비, 사내, 장정, 일군

지아비를 말한다. 남자가 여자와 결혼을 하여 二두 人사람이 부부가 될 때 쓰이는 호칭이다.

● **사자성어**
夫婦(부부), 工夫(공부), 閤夫人(합부인), 漁夫(어부)

● **쓰기순서**
一 二 丰 夫

그럴 **연**

| 총획 | 12획 | 뜻 | 그러다, 그러하게 하다, 틀림없다

그러하다의 뜻이다. 삼복더위에 月 몸 보신하기위해 犬(개견)개를 灬 (불화발)불에 구워서 먹었던 일은 당연하고 그러하다.

● 쓰기순서

ノ クタタ タ 夗 妖 然 然 然 然 然

발 **족**

| 총획 | 7획 | 뜻 | 발, 뿌리

발을 말한다. 사람이 발로 걸어가는 형상.

● 사자성어
滿足(만족), 充足(충족), 不足(부족)

● 쓰기순서

丶口口口尸足足

스스로 **자**

| 총획 | 6획 | 뜻 | 스스로, 몸소, 저절로

스스로라는 의미이다. 사람이 스스로 ノ 뭔가를 目 눈으로 보다.

● 쓰기순서

ノ イ 介 竹 自 自

윗 상

| 총획 | 3획 | 뜻 | 위, 올리다, 오르다

위를 말한다. 一땅을 기준으로 ㅏ 뭔가를 위에 세우다.

- **사자성어**
上下(상하), 上下左右(상하좌우)

- **쓰기순서**
丨 丨 上

아니 불

| 총획 | 4획 | 뜻 | 아니다, 아니하다, 없다, 말라

아니다는 뜻이다. 나무의 뿌리는 一 땅위로 뻗는 것이 아니다.
(뒤에 ㄷ이나 ㅈ이 오면 부로 발음한다, 부자 부동산)

- **사자성어**
不如一見(불여일견), 不動産(부동산), 不在(부재), 不足(부족)
不正(부정)

- **쓰기순서**
一 丆 ア 不

아래 하

| 총획 | 3획 | 뜻 | 아래, 밑, 끝, 내리다, 낮아지다

아래를 말한다. 一 땅 아래 ㅏ 지하 건물들을 세우다.

- **사자성어**
山下(산하), 下降(하강), 下落(하락), 貶下(폄하)

- **쓰기순서**
一 丅 下

| 총획 | 9획 | 뜻 | 무겁다, 소중하다, 귀중하다 |

무거운 것을 말한다. 千(천천)천개의 무거운 쌀가마를 里(마을리)마을에 쌓다.

● **사자성어**
重要(중요), 尊重(존중), 比重(비중), 愛之重之(애지중지)

● **쓰기순서**

`ノ 一 ニ 千 亓 亓 亘 重 重 重`

무거울 중

| 총획 | 4획 | 뜻 | 마음, 의지, 뜻, 생각 |

마음을 말한다. 사람의 몸 가운데 심장부분에 마음이 있다.

● **사자성어**
以心傳心(이심전심), 虛心坦懷(허심탄회), 全心全力(전심전력)

● **쓰기순서**

`ノ 心 心 心`

마음 심

| 총획 | 6획 | 뜻 | 온전하다, 순전하다 |

온전하다의 뜻이다. 어진 王(임금왕)임금이 궁궐에 入(들입)들어와 나라를 잘 다스리니 나라가 全(온전전)온전하다.

● **사자성어**

● **쓰기순서**

`ノ 入 今 今 全 全`

온전 전

| 총획 | 3획 | 뜻 | 입, 주둥이, 부리, 아가리 |

입을 말한다. 입도 네모로 사용하였으며 지구도 네모지다고 생각하였다.

● 사자성어
有口無言(유구무언), 口演童話(구연동화)

● 쓰기순서
ㅣ ㄇ 口

입**구**

| 총획 | 4획 | 뜻 | 손, 솜씨 |

손을 말한다. 二두손으로 亅(고무래정)괭이를 잡고 밭을 일군다.
(丁 고무래는 농기루를 말함)

● 사자성어
束手無策(속수무책), 自手成家(자수성가), 手足(수족)

● 쓰기순서
ノ 二 三 手

손**수**

| 총획 | 4획 | 뜻 | 모가진, 네모, 각진 |

모가 난 것을 뜻 한다. 方모가난 다락방이 있다.

● 사자성어
方向(방향), 方針(방침), 方法(방법), 方案(방안)

● 쓰기순서
ヽ 二 亐 方

모**방**

| 총획 | 11획 | 뜻 | 나라, 국가, 겨레 |

나라를 말한다. 或(혹시혹)혹시 쳐들어올지 모르는 적으로부터 창을 들고 성을 口(에워쌀위)에워싸서 나라를 지키다.

● **사자성어**
國民(국민), 韓國(한국), 國家(국가)

● **쓰기순서**
丨 冂 冂 闩 冋 匡 国 國 國 國

나라 국

| 총획 | 6획 | 뜻 | 강, 큰강, 양자강 |

강을 말한다. 농기구에 불을 달궈 담금질을 하는 工장인은 강가에 氵물을 필요로 하였다.

● **사자성어**
江山(강산), 江南(강남), 漢江(한강)

● **쓰기순서**
丶 丶 氵 汀 江 江

강 강

| 총획 | 12획 | 뜻 | 오르다, 기어오르다, 올라가다 |

오르다의 뜻이다. 효(콩두)콩이 넝쿨처럼 나무를 癶(등질발)등지고 오르다.

● **사자성어**
登場(등장), 登校(등교), 登載(등재)

● **쓰기순서**
癶 癶 癶 癶 癶 癶 癶 登 登 登 登 登

오를 등

내 천

| 총획 | 3획 | 뜻 | 냇가, 계속해서, 끊임없이, 개천 |

시냇물을 말한다. 시냇물이 물길따라 줄지어 흐르는 모양.

● 사자성어
山川(산천), 河川(하천), 山川草木(산천초목)

● 쓰기순서
丿 丿丨 川

앞 전

| 총획 | 9획 | 뜻 | 앞, 앞날, 미래 |

앞을 말한다. 정육점에서는 月(고기육)고기를 刂(칼도)칼로 썰어 묶어 놓다. (丷 묶은 모양으로 본다)

● 사자성어
如前(여전), 午前(오전), 前後(전후), 以前(이전)

● 쓰기순서
丶 丷 丷 广 广 前 前 前 前

亠	日	冂
머리두, 돼지머리두	날 일	멀 경
土	攵	千
흙 토	칠 복	일천 천
氏	口	丿
성씨 씨	입 구	삐침 별
人＝亻＝儿＝𠂉＝乚	宀	艹＝丷＝卄
사람 인	집 면	풀 초
夕	子	白
저녁 석	아들 자	흰 백
百	門	一
백 백	문 문	한 일
木	直	巾
나무 목	곧을 직	수건 건
豕	良	辶
돼지 시	좋을 량	갈 착, 쉬엄쉬엄갈 착

首	戶	斤
머리 수	집 호	도끼 근
化	主	木
될 화	주인 주	나무 목
米	雨	田
쌀 미	비 우	밭 전
女	八	⺕ = ⺕
여자 여 (여자의 총칭)	여덟 팔	돼지머리 계
止	目	昜
그칠 지	눈 목	볕 양, 태양 양
廿 = 卄	重	力
스물 입	무거울 중	힘 력
月	頁	氵 = 氺 = 水
달 월	머리 혈	물 수
舌	彳	糸
혀 설	조금걸을 척	실 사

言	三	禾
말씀 언	석 삼	벼 화
火 = 灬	欠	可
불 화	하품 흠	옳을 가
菫	生	己
진흙 근	날 생 (낳다)	몸 기 (자기자신)
方	牛	勿
모 방 (각이진, 모가 난, 네모)	소 우	말 물 (하지마라)
空	穴	工
빌 공	구멍 혈	장인 공
更	左	母
고칠 경, 다시 갱	왼 좌	어미 모
同	竹	合
한가지 동	대나무, 대 죽	합할 합
右	王	大
오른 우, 오른쪽 우	임금 왕	큰 대

寸	且	丁
마디 촌	또 차	고무래 정 (농기구)
曲	辰	五
굽을 곡	별 진	다섯 오
也	每	寺
어조사 야 (또한, 역시)	매양 매	관청 사
婁	小	二
자루 루	작을 소	두 이
犬	或	戈
개 견	혹시 혹	창 과
豆	癶	刂 = 刀
콩 두	등질 발, 필 발	칼 도

써보기 1

한자	工	車	登	間	江
훈·음					
한자	家	歌	洞	動	空
훈·음					
한자	同	道	答	名	每
훈·음					
한자	面	命	問	物	文
훈·음					
한자	冬	色	夕	世	姓
훈·음					

한자	所	手	數	少	然
훈·음					
한자	右	左	午	有	育
훈·음					
한자	入	邑	夏	下	便
훈·음					
한자	平	春	出	祖	足
훈·음					
한자	主	重	紙	地	住
훈·음					

써보기 3

한자	語	心	安	食	時
훈·음					
한자	植	市	百	方	夫
훈·음					
한자	不	算	事	上	立
훈·음					
한자	林	來	力	老	里
훈·음					
한자	男	農	內	氣	旗
훈·음					

써보기 4

한자	口	正	前	電	場
훈·음					
한자	全	自	字	子	千
훈·음					
한자	直	天	川	秋	草
훈·음					
한자	村	話	活	海	漢
훈·음					
한자	花	孝	後	休	記
훈·음					
한자	下	國			
훈·음					

써보기 5

훈·음	장인공	수레차	오를등	사이간	강강
한자					
훈·음	집가	노래가	고을(골)동	움직일동	빌공
한자					
훈·음	한가지동	길도	대답답	이름명	매양매
한자					
훈·음	낮면	목숨명	물을문	물건물	글월문
한자					
훈·음	겨울동	빛색	저녁석	세상(인간)세	성성
한자					

써보기 6

훈·음	바소	손수	셈수	적을소	그럴연
한자					
훈·음	오른우	왼쪽(왼)좌	낮오	있을유	기를육
한자					
훈·음	들입	고을읍	여름하	아래하	편할편
한자					
훈·음	평평할평	봄춘	날출	할아비조	발족
한자					
훈·음	주인주	무거울중	종이지	땅지	살주
한자					

써보기 7				
훈·음	말씀어	마음심	편안안	밥식	때시
한자					
훈·음	심을식	저자(시장)시	백백	모(모나다)방	지아비부
한자					
훈·음	아닐부	셈산	일사	윗상	설립
한자					
훈·음	수풀림	올래	힘력	늙을로	마을리
한자					
훈·음	사내남	농사농	안내	기운기	깃발(기)기
한자					

써보기 8

훈·음	입구	바를정	앞전	번개전	마당장
한자					
훈·음	온전전	스스로자	글자자	아들자	일천천
한자					
훈·음	곧을직	하늘천	내천	가을추	풀초
한자					
훈·음	마을촌	말씀화	살활	바다해	한수(한나라)한
한자					
훈·음	꽃화	효도효	뒤후	쉴휴	기록할기
한자					
훈·음	아래하	나라국			
한자					

• 써보기 1 •

장인공	수레차	오를등	사이간	강강
집가	노래가	고을(골)동	움직일동	빌공
한가지동	길도	대답답	이름명	매양매
낮면	목숨명	물을문	물건물	글월문
겨울동	빛색	저녁석	세상(인간)세	성성

• 써보기 2 •

바소	손수	셈수	적을소	그럴연
오른우	왼쪽(왼)좌	낮오	있을유	기를육
들입	고을읍	여름하	아래하	편할편
평평할평	봄춘	나갈(날)출	할아비조	발족
주인주	무거울중	종이지	땅지	살주

• 써보기 3 •

말씀어	마음심	편안안	밥식	때시
심을식	저자(시장)시	백백	모(모나다)방	지아비부
아닐부	셈산	일사	윗상	설립
수풀림	올래	힘력	늙을로	마을리
사내남	농사농	안내	기운기	깃발(기)기

• 써보기 4 •

입구	바를정	앞전	번개전	마당장
온전전	스스로자	글자자	아들자	일천천
곧을직	하늘천	내천	가을추	풀초
마을촌	말씀화	살활	바다해	한수(한나라)한
꽃화	효도효	뒤후	쉴휴	기록할기
아래하	나라국			

• 써보기 5 •

工	車	登	間	江
家	歌	洞	動	空
同	道	答	名	每
面	命	問	物	文
冬	色	夕	世	姓

• 써보기 6 •

所	手	數	少	然
右	左	午	有	育
入	邑	夏	下	便
平	春	出	祖	足
主	重	紙	地	住

• 써보기 7 •

語	心	安	食	時
植	市	百	方	夫
不	算	事	上	立
林	來	力	老	里
男	農	內	氣	旗

• 써보기 8 •

口	正	前	電	場
全	自	字	子	千
直	天	川	秋	草
村	話	活	海	漢
花	孝	後	休	記
下	國			

한자능력검정시험
예상·
기출문제

1 다음 한자의 훈(뜻)과 음(음)을 쓰시오.

(1) 우리 ① 家(　　) 차고에는 ② 車(　　)
가 있는데 거의 사용하지 않아서 ③ 春(
　) ④ 夏(　　) ⑤ 秋(　　) ⑥ 冬(
　) 1년 내내 꼼짝도 않고 있다.

(2) 시골에는 ① 農(　　)를 주로 짓는데 힘
든 일은 주로 ② 男(　　)남자들이 일을
하여 생③ 活(　　)을 한다. 뜨거운 한 ④
午(　　)에 ⑤ 出(　　)지 않고 새벽과
⑥ 夕(　　)에 일을 한다. 집에는 엄마들
은 밭일과 아이들을 양⑦ 育(　　) 한다.

(3) 농사일의 힘든 것을 달래려고 ① 歌(
　)를 하며 일하기도 한다. 대장간에서 ②
工(　　)들은 호미나 괭이 같은 농기구를
손③ 手(　　) 만든다. 봄이 되면 윗④
上(　　)마을과 산⑤ 下(　　) 마을에
꽃들이 만발한다.

(4) ① 道(　　)따라서 내려가다 보면 냇가에
② 川(　　)이 흐르고 냇물이 모여 ③ 江
(　　)을 이루어 다시 ④ 海(　　)로 나
간다. 냇가에 ⑤ 足(　　)로 밟아 건너는
징검다리는 ⑥ 全(　　)히 마을사람들이
⑦ 便(　　) 편히 건너라고 만든 것이다.

(5) ① 前(　　)앞 ② 場(　　)마당에 ③ 平
(　　)평평한 ④ 地(　　)땅을 일구어
왼쪽⑤ 左(　　)에는 ⑥ 每(　　)매화
나무를 심고 오른쪽⑦ 右(　　)에는 강아
지를 기른다. 강아지가 하얀색이어서 이름

⑧ 名(　　)을 백구라고 지었다. 뒤⑨ 後
(　　)쪽의 뒷마당에는 종이⑩ 紙(　　
　)를 만들어 쓸 수 있는 닥나무를 심을⑪
植(　　)예정이다.

(6) 선선한 바람이 불면 마을① 里(　　)에
늙으신② 老(　　) 어른들이 모종 같은
곳(처)③ 所(　　)소에서 아이들에게 글
자 ④ 字(　　)들을 가르치기도 하였다.
서서 ⑤ 立(　　) 걸어다는 것을 직립보
행이라 한다.

2 다음 한자의 음(음)을 쓰시오.

(1) 한가지① 同(　　) 중요한 사실은 움직임
② 動(　　)이 많은 아이들을 앉히고 할아
버지③ 祖(　　)들은 정④ 正(　　)직
⑤ 直(　　)한 마음⑥ 心(　　)을 가져
야 한다고 가르치시기도 하며 ⑦ 孝(　　)
에 대해서도 말씀⑧ 話(　　)하신다.

(2) 나라의 전쟁이나 위험이 닥치면 기① 旗(
　)를 들고 나가 나라를 위해 목숨② 命
(　　)을 바치신 분들에 대하여 역사 교
육도하여 주신다.

(3) 할아버지는 중국의 한나라① 漢(　　)이
야기도 해주시고 또 사람이 역사를 공부하
지 않으면 아니② 不(　　)되고 어려움을
되풀이 할 수도 있다고 하신다.

(4) 자연① 然(   )현상 중에 번개② 電(
)가 식물을 기르는데 있어 질소 같은
화합물을 내어 식물을 기르는데 유익하다
는 면도 알려주셨다.

(5) 서당과 마을 회관에는 아이들을 내일 ① 事
(   )처럼 여기고 산② 算(   )수③ 數
(   )로 셈하는 법 세상④ 世(   )을
살아가는 이치들도 백⑤ 百(   )까지도
넘게 알려주시는 고마우신 어른들도 계신다.

(6) 고을(골) ① 洞(   ) 땅에는 비어있는 공
② 空(   )간③ 間(   )사이에 호박
같이 줄기를 타고 올라④ 登(   )가는
식물들도 심어 먹는다.

3 다음 한자의 흡(음)을 쓰시오.

(1) 가을① 秋(   )에 추석 때② 時(   )가
되면 사람들은 얼굴③ 面(   )을 단장을
하고 저작거리인 시장④ 市(   )에서 미
리 사다가 놓은 고운 색⑤ 色(   )의 한복
을 입고 사방⑥ 方(   )에서 모여 든 식구
들과 함께 송편을 먹으며 즐겁게 보낸다.

(2) 가을걷이를 잘 해두어야 추운 겨울 冬①(
)에 기운② 氣(   )을 차리고 평안
③ 安(   )히 보낼 수가 있다.

(3) 역사란 입① 口(   )에서 입으로 전해져
내려오는 것도 있지만 기② 記(   )록하
여 남기기도 한다.

(4) 물건① 物(   )의 주인이② 主(   )
은 어느 날 스스③ 自(   )로에게 나는
정말 물건을 탐하는 욕심이 많은 사람인가
를 묻고 답④ 쏨(   )해본다.

(5) 옆집 김씨라는 성① 姓(   )을 가진 아
주머니가 와서 장미꽃② 花(   )나무 한
그루를 주고 갔다.

1 다음 漢字(한자)와 상반되는 반대어를 한자로 쓰시오.

보기
$$上 \rightarrow 下$$

(1) 前 (   )　　(2) 男 (   )

(3) 兄 (   )　　(4) 夏 (   )

(5) 出 (   )　　(6) 天 (   )

2 다음 漢字(한자)의 音(음:소리)를 쓰시오.

보기
$$女 \rightarrow 여자 여$$

(1) 活 (   )　　(2) 敎 (   )

(3) 記 (   )　　(4) 文 (   )

(5) 地 (   )　　(6) 氣 (   )

3 다음 漢字(한자)의 관련 있는 단어를 찾아 줄을 이으시오.

(1) 老人 •　　　　• ㉮ 내외

(2) 內外 •　　　　• ㉯ 동리

(3) 洞里 •　　　　• ㉰ 노인

(4) 來年 •　　　　• ㉱ 내년

4 다음 보기에서 골라 번호를 쓰시오.

보기
① 王命　② 孝道　③ 生氣　④ 平地
⑤ 海軍　⑥ 天地　⑦ 主食　⑧ 中心

(1) 왕명 (   )　　(2) 주식 (   )

(3) 천지 (   )　　(4) 효도 (   )

(5) 해군 (   )　　(6) 생기 (   )

(7) 평지 (   )　　(8) 중심 (   )

5 다음 漢字(한자)의 訓(훈:뜻)과 音(음:소리)을 쓰시오.

보기
$$登 \rightarrow 오를 등$$

(1) 問 (   )　　(2) 動 (   )

(3) 江 (   )　　(4) 歌 (   )

(5) 農 (   )　　(6) 姓 (   )

(7) 家 (   )　　(8) 旗 (   )

6 다음 漢字語(한자어)의 음을 쓰시오.

> 보기
>
> 韓國 → 한국

(1) 自立 (   )   (2) 南海 (   )

(3) 等張 (   )   (4) 萬物 (   )

(5) 便安 (   )   (6) 孝心 (   )

(7) 家門 (   )   (8) 休日 (   )

(9) 地面 (   )   (10) 數學 (   )

(11) 敎育 (   )   (12) 農夫 (   )

8 다음 漢子(한자)의 뜻을 쓰시오.

> 보기
>
> 歌 → (노래)가

(1) 場 (   )장   (2) 紙 (   )지

(3) 孝 (   )효   (4) 草 (   )초

(5) 春 (   )춘   (6) 正 (   )정

(7) 祖 (   )조   (8) 全 (   )전

7 다음 맞는 한자를 〈보기〉에서 골라 번호를 쓰시오.

> 보기
>
> ① 電　② 重　③ 花　④ 直
> ⑤ 話　⑥ 漢　⑦ 足　⑧ 秋

(1) 가을 (   )   (2) 발 (   )

(3) 무거울 (   )   (4) 꽃 (   )

(5) 말씀 (   )   (6) 곧을 (   )

(7) 한나라 (   )   (8) 번개 (   )

9 다음의 훈과 음을 漢字(한자)로 쓰시오.

> 보기
>
> 아닐부 → 不

(1) 내천 (   )   (2) 날출 (   )

(3) 밥식 (   )   (4) 글월 (   )

(5) 일천천 (   )   (6) 모방 (   )

정답

1 (1) 後 (2) 女 (3) 弟 (4) 冬 (5) 入 (6) 地　**2** (1) 살 활 (2) 가르칠 교 (3) 기록할 기 (4) 글월 문 (5) 땅 지 (6) 기운 기　**3** (1) ㉡ (2) ㉠ (3) ㉢ (4) ㉣　**4** (1) ① (2) ⑦ (3) ⑥ (4) ② (5) ⑤ (6) ③ (7) ④ (8) ⑧　**5** (1) 물을 문 (2) 움직일 동 (3) 강 강 (4) 노래 가 (5) 농사 농 (6) 성씨 성, 성 성 (7) 집 가 (8) 기 기　**6** (1) 자립 (2) 남해 (3) 등장 (4) 만물 (5) 편안 (6) 효심 (7) 가문 (8) 휴일 (9) 지면 (10) 수학 (11) 교육 (12) 농부　**7** (1) ⑧ (2) ⑦ (3) ② (4) ③ (5) ⑤ (6) ④ (7) ⑥ (8) ①　**8** (1) 마당 (2) 종이 (3) 효도 (4) 풀 (5) 봄 (6) 바를 (7) 할아비 (8) 온전　**9** (1) 川 (2) 出 (3) 食 (4) 月 (5) 千 (6) 方

1 다음 뜻에 맞는 한자를 〈보기〉에서 골라 번호를 쓰시오.

보기
① 前　②後　③字　④休
⑤間　⑥車　⑦空　⑧冬

(1) 사이 (　　) 　(2) 뒤 (　　)
(3) 글자 (　　) 　(4) 빌 (　　)
(5) 쉴 (　　) 　(6) 겨울 (　　)
(7) 앞 (　　) 　(8) 수레 (　　)

2 다음 〈보기〉에서 골라 번호를 쓰시오.

보기
① 農事　② 來年　③ 動物　④ 植木
⑤ 面長　⑥ 白旗　⑦ 文字　⑧ 不正

(1) 면장 (　　) 　(2) 식목 (　　)
(3) 부정 (　　) 　(4) 문자 (　　)
(5) 농사 (　　) 　(6) 내년 (　　)
(7) 동물 (　　) 　(8) 백기 (　　)

3 다음 漢字(한자)의 訓(훈:뜻)과 음(음:소리)을 쓰시오.

보기
自 → 스스로 자

(1) 道 (　　) 　(2) 口 (　　)
(3) 林 (　　) 　(4) 立 (　　)
(5) 算 (　　) 　(6) 數 (　　)
(7) 世 (　　) 　(8) 色 (　　)
(9) 午 (　　) 　(10) 右 (　　)
(11) 然 (　　) 　(12) 有 (　　)
(13) 方 (　　) 　(14) 市 (　　)
(15) 少 (　　)

4 다음 漢子(한자)의 뜻을 쓰시오.

보기
歌 → (노래)가

(1) 洞 (　　)동 　(2) 百 (　　)백
(3) 所 (　　)소 　(4) 心 (　　)심
(5) 住 (　　)주 　(6) 下 (　　)하
(7) 天 (　　)천 　(8) 左 (　　)좌
(9) 平 (　　)평 　(10) 主 (　　)주
(11) 子 (　　)자 　(12) 漢 (　　)한

5 다음 漢字(한자)의 관련 있는 단어를 찾아 줄을 이으시오.

(1) 每時 •　　　　• ① 수족

(2) 三寸 •　　　　• ② 삼촌

(3) 手足 •　　　　• ③ 매시

(4) 生花 •　　　　• ④ 식구

(5) 市民 •　　　　• ⑤ 시민

(6) 食口 •　　　　• ⑥ 생화

7 다음 漢子(한자)의 독음을 쓰시오.

보기

$$韓國 → 한국$$

(1) 靑色 (　　　)　　(2) 空間 (　　　)

(3) 天命 (　　　)　　(4) 入學 (　　　)

(5) 農林 (　　　)　　(6) 後世 (　　　)

(7) 軍旗 (　　　)　　(8) 正直 (　　　)

(9) 十里 (　　　)　　(10) 王家 (　　　)

(11) 校歌 (　　　)　　(12) 不孝 (　　　)

6 다음 〈보기〉에서 골라 번호를 쓰시오.

보기

① 食事　② 草木　③ 秋夕　④ 便紙
⑤ 住所　⑥ 左右　⑦ 前後　⑧ 祖上

(1) 좌우 (　　　)　　(2) 전후 (　　　)

(3) 식사 (　　　)　　(4) 주소 (　　　)

(5) 조상 (　　　)　　(6) 편지 (　　　)

(7) 초목 (　　　)　　(8) 추석 (　　　)

정답

1 (1) ⑤ (2) ② (3) ③ (4) ⑦ (5) ④ (6) ⑧ (7) ① (8) ⑥　**2** (1) ⑤ (2) ④ (3) ⑧ (4) ⑦ (5) ① (6) ② (7) ③ (8) ⑥　**3** (1) 길 도 (2) 입 구 (3) 수풀 림 (4) 설 립 (5) 셈 산 (6) 셈 수 (7) 인간(세상) 세 (8) 빛 색 (9) 낮 오 (10) 오른(오른쪽) 우 (11) 그럴 연 (12) 있을 유 (13) 모 방 (14) 저자 시 (15) 적을 소　**4** (1) 한가지 (2) 일백 (3) 바 (4) 마음 (5) 살 (6) 아래 (7) 하늘 (8) 왼 (9) 평평할 (10) 주인 (11) 아들 (12) 한나라　**5** (1) ③ (2) ② (3) ① (4) ⑥ (5) ⑤ (6) ④　**6** (1) ⑥ (2) ⑦ (3) ① (4) ⑤ (5) ⑧ (6) ④ (7) ② (8) ③　**7** (1) 청색 (2) 공간 (3) 천명 (4) 입학 (5) 농림 (6) 후세 (7) 군기 (8) 정직 (9) 십리 (10) 왕가 (11) 교가 (12) 불효

1 다음 漢字(한자)의 訓(훈:뜻)과 음(음:소리)에 맞는 漢字(한자)를 쓰시오.

(1) 글자자　　(　　)

(2) 스스로자　　(　　)

(3) 일천천　　(　　)

(4) 온전전　　(　　)

(5) 내천　　(　　)

(6) 번개전　　(　　)

(7) 마을촌　　(　　)

(8) 발족　　(　　)

(9) 날출　　(　　)

(10) 주인주　　(　　)

(11) 편할할편　　(　　)

(12) 무거울중　　(　　)

(13) 여름하　　(　　)

(14) 종이지　　(　　)

(15) 곧을직　　(　　)

2 다음 漢字(한자)의 訓(훈:뜻)과 음(음:소리)을 쓰시오.

(1) 海 (　　)　　(2) 話 (　　)

(3) 孝 (　　)　　(4) 休 (　　)

(5) 子 (　　)　　(6) 場 (　　)

(7) 前 (　　)　　(8) 正 (　　)

(9) 祖 (　　)　　(10) 左 (　　)

(11) 住 (　　)　　(12) 地 (　　)

(13) 草 (　　)　　(14) 村 (　　)

(15) 春 (　　)

3 다음 漢字(한자)의 讀音(독음)을 쓰세요.

(1) 立冬 (　　)　　(2) 老母 (　　)

(3) 小邑 (　　)　　(4) 自然 (　　)

(5) 住所 (　　)　　(6) 重力 (　　)

(7) 車道 (　　)　　(8) 直前 (　　)

(9) 天地 (　　)　　(10) 平地 (　　)

(11) 草木 (　　)　　(12) 下車 (　　)

(13) 漢江 (　　)　　(14) 活動 (　　)

(15) 少女 (　　)　　(16) 水草 (　　)

(17) 同生 (　　)　　(18) 萬年 (　　)

(19) 四方 (　　)　　(20) 外來語 (　　)

4 다음 漢字(한자)의 讀音(독음)을 쓰세요.

(1) 老人 (　　　)　　(2) 江村 (　　　)

(3) 工場 (　　　)　　(4) 男女 (　　　)

(5) 農事 (　　　)　　(6) 村民 (　　　)

(7) 空中 (　　　)　　(8) 七夕 (　　　)

(9) 靑山 (　　　)　　(10) 花草 (　　　)

(11) 後世 (　　　)　　(12) 海軍 (　　　)

5 다음 漢字(한자)와 상반되는 반대어를 〈보기〉에서 고르시오.

보기

①地　②上　③左　④入　⑤東
⑥外　⑦前　⑧冬　⑨男　⑩火

(1) 女 (　　　)　　　　(2) 出 (　　　)

(3) 右 (　　　)　　　　(4) 下 (　　　)

(5) 西 (　　　)　　　　(6) 天 (　　　)

(7) 內 (　　　)　　　　(8) 後 (　　　)

6 다음 漢字(한자)의 訓(훈:뜻)과 音(음:소리)에 맞는 한자를 〈보기〉에서 고르시오.

보기

①邑　②語　③安　④育
⑤植　⑥然　⑦食　⑧手
⑨事　⑩里　⑪百　⑫色
⑬夫　⑭問　⑮面

(1) 고을 (　　　)　　(2) 일 (　　　)

(3) 마을 (　　　)　　(4) 그릴 (　　　)

(5) 말씀 (　　　)　　(6) 밥 (　　　)

(7) 낮 (　　　)　　(8) 심을 (　　　)

(9) 기를 (　　　)　　(10) 빛 (　　　)

(11) 물을 (　　　)　　(12) 손 (　　　)

(13) 편안할 (　　　)　　(14) 일백백 (　　　)

(15) 지아비 (　　　)

정답

1 (1) 字 (2) 自 (3) 千 (4) 全 (5) 川 (6) 電 (7) 村 (8) 足 (9) 出 (10) 主 (11) 便 (12) 重 (13) 夏 (14) 紙 (15) 直
2 (1) 바다 해 (2) 말씀 화 (3) 효도 효 (4) 쉴 휴 (5) 아들 자 (6) 마당 장 (7) 앞 전 (8) 바를 정 (9) 할아비 조 (10) 왼 좌 (11) 살 주 (12) 땅 지 (13) 풀 초 (14) 마을 촌 (15) 봄 춘　**3** (1) 입동 (2) 노모 (3) 소읍 (4) 자연 (5) 주소 (6) 중력 (7) 차도 (8) 직전 (9) 천지 (10) 평지 (11) 초목 (12) 하차 (13) 한강 (14) 활동 (15) 소녀 (16) 수초 (17) 동생 (18) 만년 (19) 사방 (20) 외래어　**4** (1) 노인 (2) 강촌 (3) 공장 (4) 남녀 (5) 농사 (6) 촌민 (7) 공중 (8) 칠석 (9) 청산 (10) 화초 (11) 후세 (12) 해군　**5** (1) ⑨ (2) ④ (3) ③ (4) ② (5) ⑤ (6) ① (7) ⑥ (8) ⑦　**6** (1) ① (2) ⑨ (3) ⑩ (4) ⑥ (5) ② (6) ⑦ (7) ⑮ (8) ⑤ (9) ④ (10) ⑫ (11) ⑭ (12) ⑧ (13) ③ (14) ⑪ (15) ⑬

※ 다음 밑줄 친 漢字語(한자어)의 흡(음:소리)을 쓰세요. (1~32)

> 보기
>
> 漢字 → 한자

(1) 젊은이들이 農村(　　　)을 등지고 도시로 떠납니다.

(2) 군인들이 手旗(　　　)로 신호를 보내고 있습니다.

(3) 그는 日記(　　　)를 서랍 속에 꼭꼭 감추었습니다.

(4) 퇴폐적인 外來(　　　) 문화를 배척해야 합니다.

(5) 그는 面民(　　　)을 위해서 무척 애를 썼습니다.

(6) 家內(　　　) 수공업이 공장화되었습니다.

(7) 어려운 사람들에게 自活(　　　)할 수 있는 길을 열어 주어야 합니다.

(8) 집에서 시장까지는 한 時間(　　　)이 걸립니다.

(9) 軍歌(　　　)가 멀리서 들려옵니다.

(10) 매년 이때는 진달래가 온 山川(　　　)에 활짝 핍니다.

(11) 누나는 성격이 거세어서 男子(　　　)들과 싸워도 지지 않습니다.

(12) 그는 의자에 便安(　　　)히 앉아 책을 봅니다.

(13) 이 책은 空白(　　　)이 너무 많습니다.

(14) 어머니께서는 生花(　　　)로 꽃다발을 만들었습니다.

(15) 눈이 많이 와서 登校(　　　) 시간을 늦추었습니다.

(16) 교실이 너무 어두워 出口(　　　)가 보이지 않습니다.

(17) 우리 工場(　　　)은 가구를 만듭니다.

(18) 하루 세 번 食後(　　　) 30분마다 약을 먹어야 합니다.

(19) 수출이 前年(　　　)에 비하여 크게 늘었습니다.

(20) 봄이 되니 땅에서 植物(　　　)의 싹이 돋아났습니다.

(21) 경찰은 시위를 主動(　　　)한 학생들을 구속하였습니다.

(22) 봄에 심은 나무에 비료를 주는 育林(　　　) 작업을 했습니다.

(23) 시청료가 電氣(　　　) 요금에 합산됩니다.

(24) 그 아들은 위독하신 老母(　　　)의 생명을 구하려고 노력하였습니다.

(25) 그는 住所(　　　)가 적힌 쪽지를 들고 그 집을 찾아갔습니다.

(26) 신임 里長(　　　)이 동네 사람들에게 인사를 했습니다.

(27) 자식이라면 마땅히 부모에게 孝道(　　　)해야 합니다.

(28) 아버지는 <u>正直</u>(   )을 가훈으로 정하
셨습니다.

(29) 나는 그와 성이 같아 <u>寸數</u>(   )를 따
져 보았습니다.

(30) 그는 <u>王命</u>(   )을 받아 암행어사가
되었습니다.

(31) 우리는 <u>先祖</u>(   )들이 남겨주신 유산
을 잘 보존해야 합니다.

(32) 눈이 온 <u>世上</u>(   )을 덮었습니다.

※ 다음 漢字(한자)의 訓(훈:뜻)과 흡(음:소리)을 쓰세
요. (33~52)

字 → 글자 자

(33) 少 (   ) (34) 每 (   )

(35) 夕 (   ) (36) 敎 (   )

(37) 有 (   ) (38) 入 (   )

(39) 立 (   ) (40) 小 (   )

(41) 江 (   ) (42) 百 (   )

(43) 夫 (   ) (44) 話 (   )

(45) 市 (   ) (46) 草 (   )

(47) 五 (   ) (48) 洞 (   )

(49) 春 (   ) (50) 月 (   )

(51) 靑 (   ) (52) 午 (   )

※ 다음 밑줄 친 단어의 漢字語(한자어)를 〈보기〉에
서 골라 그 번호를 쓰세요. (53~54)

① 姓名   ② 東門   ③ 西方   ④ 兄弟

(53) 그 편지에는 발신인의 주소와 성명(
)이 적혀 있지 않았습니다.

(54) 그녀는 형제(   )가 많은 집안에서
자랐습니다.

※ 다음 訓(훈:뜻)과 흡(음:소리)에 맞는 漢字(한자)를
〈보기〉에서 골라 그 번호를 쓰세요. (55~64)

① 然   ② 左   ③ 重   ④ 冬
⑤ 事   ⑥ 算   ⑦ 夏   ⑧ 答
⑨ 父   ⑩ 秋

(55) 아비 부   (   )

(56) 일 사   (   )

(57) 왼 좌   (   )

(58) 겨울 동   (   )

(59) 그럴 연   (   )

(60) 무거울 중   (   )

(61) 여름 하   (   )

(62) 대답 답   (   )

(63) 셈 산　　　(　　　)

(64) 가을 추　　(　　　)

※ 다음 漢字(한자)의 상대 또는 반대되는 漢字(한자)를 〈보기〉에서 골라 그 번호를 쓰세요. (65–66)

보기

① 天　　② 火　　③ 足　　④ 北

(65) (　　　) ↔ 水

(66) (　　　) ↔ 地

※ 다음 漢字語(한자어)의 뜻을 쓰세요. (67–68)

(67) 全心　(　　　)

(68) 休學　(　　　)

※ 다음 漢字(한자)에 표시한 획은 몇 번째 쓰는지 〈보기〉에서 찾아 그 번호를 쓰세요. (69–70)

보기

① 첫 번째　　　② 두 번째

③ 세 번째　　　④ 네 번째

⑤ 다섯 번째　　⑥ 여섯 번째

⑦ 일곱 번째　　⑧ 여덟 번째

⑨ 아홉 번째　　⑩ 열 번째

(69)

邑

(70)

室

정답

(1) 농촌　(2) 수기　(3) 일기　(4) 외래　(5) 면민　(6) 가내　(7) 자활　(8) 시간　(9) 군가　(10) 산천　(11) 남자　(12) 편안　(13) 공백　(14) 생화　(15) 등교　(16) 출구　(17) 공장　(18) 식후　(19) 전년　(20) 식물　(21) 주동　(22) 육림　(23) 전기　(24) 노모　(25) 주소　(26) 이장　(27) 효도　(28) 정직　(29) 촌수　(30) 왕명　(31) 선조　(32) 세상　(33) 적을 소　(34) 매양 매　(35) 저녁 석　(36) 가르칠 교　(37) 있을 유　(38) 들 입　(39) 설 립　(40) 작을 소　(41) 강 강　(42) 일백 백　(43) 지아비 부　(44) 말씀 화　(45) 저자 시　(46) 풀 초　(47) 다섯 오　(48) 골 동, 밝을 통　(49) 봄 춘　(50) 달 월　(51) 푸를 청　(52) 낮 오　(53) ① 姓名　(54) ④ 兄弟　(55) ⑨ 父　(56) ⑤ 事　(57) ② 左　(58) ④ 冬　(59) ① 然　(60) ③ 重　(61) ⑦ 夏　(62) ⑧ 좀　(63) ⑥ 算　(64) ⑩ 秋　(65) ② 火　(66) ① 天　(67) 온 마음　(68) 학교(배움)을 쉼　(69) ⑥　(70) ⑧

※ 다음 漢字(한자)의 訓(훈:뜻)과 音(음:소리)을 쓰세요. (1~20)

> 보기
>
> 字 → 글자 자

(1) 旗 (　　　) 　(2) 里 (　　　)

(3) 命 (　　　) 　(4) 直 (　　　)

(5) 邑 (　　　) 　(6) 室 (　　　)

(7) 氣 (　　　) 　(8) 記 (　　　)

(9) 地 (　　　) 　(10) 重 (　　　)

(11) 主 (　　　) 　(12) 夕 (　　　)

(13) 老 (　　　) 　(14) 語 (　　　)

(15) 算 (　　　) 　(16) 時 (　　　)

(17) 韓 (　　　) 　(18) 面 (　　　)

(19) 來 (　　　) 　(20) 冬 (　　　)

※ 다음 밑줄 친 漢字語(한자어)의 音(음:소리)을 쓰세요. (21~52)

> 보기
>
> 漢字 → 한자

(21) <u>住民</u>(　　　) 센터가 저기 보입니다.

(22) 할아버지는 <u>平生</u>(　　　) 정직하게 사셨습니다.

(23) <u>每年</u>(　　　) 풍년이 들면 좋겠지요.

(24) 주인공은 <u>家門</u>(　　　)의 명예를 드높였습니다.

(25) 우리 가족은 <u>外食</u>(　　　)하러 갔습니다.

(26) <u>同名</u>(　　　)이인이 무슨 뜻인가요?

(27) 건물에는 <u>白色</u>(　　　) 깃발이 펄럭입니다.

(28) 우리는 <u>校歌</u>(　　　)를 힘차게 불렀습니다.

(29) <u>安心</u>(　　　)하고 따라오세요.

(30) <u>男女</u>(　　　) 선수가 함께 경기를 합니다.

(31) 한해살이 <u>植物</u>(　　　)은 어떤 것이 있나요?

(32) 여왕은 <u>百姓</u>(　　　)을 사랑하였습니다.

(33) 삼촌은 <u>前方</u>(　　　) 부대에서 근무했습니다.

(34) <u>自然</u>(　　　)보호는 아주 중요합니다.

(35) <u>數學</u>(　　　) 문제를 풀기 좋아합니다.

(36) 우리는 <u>教育</u>(　　　)을 받고 있지요.

(37) 세종대왕께서 한글 <u>文字</u>(　　　)를 만드셨지요.

(38) 신부가 예식장에 <u>入場</u>(　　　)하였습니다.

(39) 할아버지는 <u>農夫</u>(　　　)이십니다.

(40) <u>出國</u>(　　　)하기 위해 공항으로 갔습니다.

(41) 친구에게 <u>便紙</u>(　　　)를 썼습니다.

(42) 의좋은 <u>兄弟</u>(　　　)의 얘기를 읽었습니다.

(43) <u>休日</u>(　　　)에 할아버지 댁에 갔습니다.

(44) 영희 아버지는 아파트 관리 <u>所長</u>(　　　)입니다.

(45) 아, <u>江村</u>(　　　)에 살고 싶어요.

(46) 아주 좁은 <u>空間</u>(　　　)이 있네요.

(47) 우리 <u>海軍</u>(　　　)이 자랑스러워요.

(48) <u>山林</u>(　　　) 자원이 풍부한 우리나라.

(49) 이모는 아름다운 <u>靑春</u>(　　　)이라고 말했습니다.

(50) <u>洞口</u>(　　　)밖 과수원길.

(51) <u>電話</u>(　　　)벨이 울렸습니다.

(52) <u>車道</u>(　　　)를 건널 때는 조심합시다.

※ 다음 訓(훈:뜻)과 音(음:소리)에 맞는 漢字(한자)를 〈보기〉에서 골라 그 번호를 쓰세요. (53~62)

보기

① 秋　　② 動　　③ 孝　　④ 千
⑤ 草　　⑥ 川　　⑦ 南　　⑧ 夏
⑨ 活　　⑩ 事

(53) 남녘 남　(　　　)

(54) 움직일 동　(　　　)

(55) 일 사　(　　　)

(56) 살 활　(　　　)

(57) 효도 효　(　　　)

(58) 여름 하　(　　　)

(59) 풀 초　(　　　)

(60) 가을 추　(　　　)

(61) 일천 천　(　　　)

(62) 내 천　(　　　)

※ 다음 밑줄 친 구절의 뜻에 가장 가까운 漢字語(한자어)를 〈보기〉에서 골라 그 번호를 쓰세요. (63~64)

보기

① 生命水　　② 先祖　　③ 祖父母　　④ 白紙

(63) <u>하얀 종이</u>(　　　) 위에 그림을 그렸다.

(64) 시골에 <u>할아버지와 할머니</u>(　　　)가 살고 계신다.

※ 다음 漢字(한자)의 상대 또는 반대되는 漢字(한자)를 〈보기〉에서 골라 그 번호를 쓰세요. (65~66)

① 答　　② 大　　③ 間　　④ 老

(65) (　　　) ↔ 少

(66) 間 ↔ (　　　)

※ 다음 밑줄 친 漢字語(한자어)의 뜻을 쓰세요.

(67~68)

(67) <u>食後</u>(　　　)에 이 약을 드세요.

(68) 동생은 <u>入學</u>(　　　)하였습니다.

※ 다음 漢字한자에 표시한 획은 몇 번째 쓰는지 〈보기〉에서 찾아 그 번호를 쓰세요. (69~70)

① 첫 번째　　　② 두 번째
③ 세 번째　　　④ 네 번째
⑤ 다섯 번째　　⑥ 여섯 번째
⑦ 일곱 번째　　⑧ 여덟 번째
⑨ 아홉 번째　　⑩ 열 번째
⑪ 열한 번째　　⑫ 열두 번째

(69)

(70)

※ 다음 밑줄 친 漢字語(한자어)의 음(음:소리)을 쓰
세요. (1~32)

보기

漢字 → 한자

(1) 내 조카는 <u>兄夫</u>(   )를 완전히 닮았습
니다.

(2) 자연환경은 <u>後世</u>(   )에게 물려줄 인
류의 재산입니다.

(3) <u>立夏</u>(   )부터 여름이 시작됩니다.

(4) 양친 부모 모셔다가 <u>千年</u>(   )만년 살
고 지고.

(5) 그는 훌륭한 양반 <u>家門</u>(   )에서 태어
났습니다.

(6) 그는 매우 광범위한 사회 <u>活動</u>(   )을
하고 있습니다.

(7) 저는 다리가 <u>不便</u>(   )해서 좀 앉겠습
니다.

(8) 그는 취미로 <u>花草</u>(   )를 기르고 있습
니다.

(9) 새는 <u>空中</u>(   )을 향해 날아오르기 시
작하였습니다.

(10) 아이들에게 <u>間食</u>(   )을 골고루 나누
어 줍니다.

(11) 우리 학교는 <u>學內</u>(   )의 자동차 진입
을 금합니다.

(12) 조선 시대에는 <u>平民</u>(   )은 양반에게
경어를 썼습니다.

(13) 이 박물관은 <u>休日</u>(   )에만 일반 시
민에게 개방됩니다.

(14) 심청은 <u>孝心</u>(   )이 지극합니다.

(15) <u>海女</u>(   )들이 잠수할 때마다 꼬르륵
하는 소리가 납니다.

(16) 그는 노래를 좋아하여 아이돌 <u>歌手</u>(
)가 되었습니다.

(17) 길동은 아버지께 <u>下直</u>(   )을 고하고
물러 나왔습니다.

(18) 그는 외가가 있는 시골에서 <u>出生</u>(
)했습니다.

(19) 아까운 <u>青春</u>(   )을 어영부영 보내면
안 됩니다.

(20) 이곳은 <u>農村</u>(   )이나 다름이 없습
니다.

(21) <u>天安</u>(   )은 호두과자가 유명합니다.

(22) 이번 <u>秋夕</u>(   )에는 고향으로 내려가
지 못했습니다.

(23) 지하 <u>車道</u>(   ) 두 곳이 폐쇄돼 통행
할 수 없습니다.

(24) 농민이 <u>土地</u>(   )를 좋아하는 것은
당연한 것이다.

(25) 이 <u>植物</u>(   )은 추위를 잘 견딥니다.

(26) 예전에는 <u>王命</u>(   )이 절대적이었습
니다.

(27) 그들은 <u>祖國</u>(   )의 통일을 위해 노
력하였습니다.

(28) 사람들로부터 <u>外面</u>(　　　)당하고 있어 외롭습니다.

(29) 텃밭에서 기른 야채를 <u>市場</u>(　　　)에 내다 팝니다.

(30) 아들을 깨워서 <u>登校</u>(　　　) 준비를 시킵니다.

(31) 학생들이 <u>白紙</u>(　　　)에다 낙서를 합니다.

(32) 친구에게 보낸 편지가 <u>住所</u>(　　　) 불명으로 반송되었습니다.

※ 다음 밑줄 친 단어의 漢字語(한자어)를 〈보기〉에서 골라 그 번호를 쓰세요. (53~54)

> 보기
> ① 自然　② 長足　③ 男子　④ 電氣

(53) <u>전기</u>(　　　)가 나갔지만 밝은 달밤이라 집 안이 훤하다.

(54) 이 섬은 아름다운 <u>자연</u>(　　　)을 가지고 있어서 관광객이 많이 찾는다.

※ 다음 漢字(한자)의 訓(훈:뜻)과 흡(음:소리)을 쓰세요. (33~52)

> 보기
> 字 → 글자 자

(33) 旗 (　　　)　(34) 川 (　　　)

(35) 算 (　　　)　(36) 弟 (　　　)

(37) 育 (　　　)　(38) 洞 (　　　)

(39) 萬 (　　　)　(40) 工 (　　　)

(41) 寸 (　　　)　(42) 軍 (　　　)

(43) 南 (　　　)　(44) 來 (　　　)

(45) 父 (　　　)　(46) 東 (　　　)

(47) 室 (　　　)　(48) 記 (　　　)

(49) 邑 (　　　)　(50) 敎 (　　　)

(51) 右 (　　　)　(52) 色 (　　　)

※ 다음 訓(훈:뜻)과 흡(음:소리)에 맞는 漢字(한자)를 〈보기〉에서 골라 그 번호를 쓰세요. (55~64)

> 보기
> ① 林　② 百　③ 重　④ 午
> ⑤ 冬　⑥ 姓　⑦ 時　⑧ 有
> ⑨ 母　⑩ 話

(55) 일백 백　(　　　)

(56) 있을 유　(　　　)

(57) 성 성　(　　　)

(58) 무거울 중 (　　　)

(59) 말씀 화　(　　　)

(60) 수풀 림　(　　　)

(61) 어미 모　(　　　)

(62) 낮 오　(　　　)

(63) 겨울 동　（　　　）

(64) 때 시　（　　　）

※ 다음 漢字(한자)의 상대 또는 반대되는 漢字(한자)를 〈보기〉에서 골라 그 번호를 쓰세요. (65–66)

보기

① 間　　② 少　　③ 先　　④ 事

(65) 老 ↔ （　　　）

(66) （　　　） ↔ 答

※ 다음 漢字語(한자어)의 뜻을 쓰세요. (67–68)

(67) 同名　（　　　）

(68) 前年　（　　　）

※ 다음 漢字(한자)에 표시한 획은 몇 번째 쓰는지 〈보기〉에서 찾아 그 번호를 쓰세요. (69–70)

보기

① 첫 번째　　　　② 두 번째

③ 세 번째　　　　④ 네 번째

⑤ 다섯 번째　　　⑥ 여섯 번째

⑦ 일곱 번째　　　⑧ 여덟 번째

⑨ 아홉 번째　　　⑩ 열 번째

(69)

每

(70)

里

정답

(1) 형부　(2) 후세　(3) 입하　(4) 천년　(5) 가문　(6) 활동　(7) 불편　(8) 화초　(9) 공중　(10) 간식　(11) 학내　(12) 평민　(13) 휴일　(14) 효심　(15) 해녀　(16) 가수　(17) 하직　(18) 출생　(19) 청춘　(20) 농촌　(21) 천안　(22) 추석　(23) 차도　(24) 토지　(25) 식물　(26) 왕명　(27) 조국　(28) 외면　(29) 시장　(30) 등교　(31) 백지　(32) 주소　(33) 기 기　(34) 내 천　(35) 셈 산　(36) 아우 제　(37) 기를 육　(38) 골 동, (밝을 통)　(39) 일만 만　(40) 장인 공　(41) 마디 촌　(42) 군사 군　(43) 남녘 남　(44) 올 래　(45) 아비 부　(46) 동녘 동　(47) 집 실　(48) 기록할 기　(49) 고을 읍　(50) 가르칠 교　(51) 오른(쪽) 우　(52) 빛 색　(53) ④ 電氣　(54) ① 自然　(55) ② 百　(56) ⑧ 有　(57) ⑥ 姓　(58) ③ 重　(59) ⑩ 話　(60) ① 林　(61) ⑨ 母　(62) ④ 午　(63) ⑤ 冬　(64) ⑦ 時　(65) ② 少　(66) ① 問　(67) 같은 이름 / 이름이 같음　(68) 지난해　(69) ⑦　(70) ⑤

※ 다음 밑줄 친 漢字語(한자어)의 音(음:소리)을 쓰세요. (1~22)

漢字 → 한자

(1) 이모는 <u>大學</u>(　　　)에 다닙니다.

(2) <u>正直</u>(　　　)한 사람이 결국 성공합니다.

(3) 우리 모두 <u>電氣</u>(　　　) 에너지를 절약합시다.

(4) 많은 물건이 <u>市場</u>(　　　)에 있어요.

(5) 교과서에 자기 <u>姓名</u>(　　　)을 기입하세요.

(6) 눈감고 <u>不安</u>(　　　)한 마음을 달래봅니다.

(7) <u>東方</u>(　　　) 박사 이야기를 읽었습니다.

(8) 도로 <u>工事</u>(　　　)를 합니다.

(9) <u>漢江</u>(　　　)에 유람선이 떠 있습니다.

(10) 약속 <u>時間</u>(　　　)을 잘 지켜야 합니다.

(11) 우리 <u>兄弟</u>(　　　)는 사이가 매우 좋습니다.

(12) <u>手中</u>(　　　)에 돈이 얼마나 있습니까?

(13) 명희는 <u>日記</u>(　　　)를 매일 쓰려고 합니다.

(14) 부모님과 <u>海外</u>(　　　) 여행을 가고 싶어요.

(15) <u>生水</u>(　　　) 한 병만 주세요.

(16) <u>父女</u>(　　　)끼리 손을 잡고 달렸습니다.

(17) 그 <u>孝子</u>(　　　)는 눈물을 흘렸습니다.

(18) 영수는 잘못을 <u>自白</u>(　　　)하였습니다.

(19) 길이 <u>南北</u>(　　　)으로 길게 나 있습니다.

(20) 나는 <u>校長</u>(　　　) 선생님께 인사를 하였습니다.

(21) <u>萬金</u>(　　　)보다 귀한 자식이라고 합니다.

(22) 아버지께서는 우리 집안의 <u>家長</u>(　　　)이십니다.

※ 다음 漢字(한자)의 訓(훈:뜻)과 音(음:소리)을 쓰세요. (23~42)

字 → 글자 자

(23) 力 (　　　)　　(24) 物 (　　　)

(25) 土 (　　　)　　(26) 先 (　　　)

(27) 門 (　　　)　　(28) 母 (　　　)

(29) 西 (　　　)　　(30) 立 (　　　)

(31) 室 (　　　)　　(32) 十 (　　　)

(33) 木 (　　　)　　(34) 韓 (　　　)

(35) 王 (　　　)　　(36) 空 (　　　)

(37) 月 (　　　)　　(38) 食 (　　　)

(39) 男 (　　　)　　(40) 下 (　　　)

(41) 民 (　　　)　　(42) 火 (　　　)

※ 다음 밑줄 친 단어의 漢字語(한자어)를 〈보기〉에서 골라 그 번호를 쓰세요. (43-44)

> 보기
> ① 外國人　② 三寸　③ 靑年　④ 學校

(43) 청년(　　　)들이 운동장에 모였습니다.

(44) 삼촌(　　　)은 자동차를 운전하였습니다.

※ 다음 訓(훈:뜻)과 音(음:소리)에 맞는 漢字(한자)를 〈보기〉에서 골라 그 번호를 쓰세요. (45-54)

> 보기
> ① 活　② 每　③ 足　④ 世
> ⑤ 平　⑥ 答　⑦ 午　⑧ 動
> ⑨ 全　⑩ 敎

(45) 낮 오　　　(　　　)

(46) 온전 전　　(　　　)

(47) 살 활　　　(　　　)

(48) 발 족　　　(　　　)

(49) 움직일 동　(　　　)

(50) 평평할 평　(　　　)

(51) 매양 매　　(　　　)

(52) 가르칠 교　(　　　)

(53) 대답 답　　(　　　)

(54) 인간 세　　(　　　)

※ 다음 漢字(한자)의 상대 또는 반대되는 漢字(한자)를 〈보기〉에서 골라 그 번호를 쓰세요. (55-56)

> 보기
> ① 小　② 內　③ 右　④ 前

(55) 左 ↔ (　　　)

(56) (　　　) ↔ 後

※ 다음 漢字語(한자어)의 뜻을 쓰세요. (67-68)

(57) 國軍 (　　　)

(58) 車道 (　　　)

※ 다음 漢字(한자)에 표시한 획은 몇 번째 쓰는지 〈보기〉에서 찾아 그 번호를 쓰세요. (69~70)

보기

① 첫 번째   ② 두 번째

③ 세 번째   ④ 네 번째

⑤ 다섯 번째   ⑥ 여섯 번째

⑦ 일곱 번째   ⑧ 여덟 번째

⑨ 아홉 번째   ⑩ 열 번째

(59) 姓

(60) 農

정답

(1) 대학 (2) 정직 (3) 전기 (4) 시장 (5) 성명 (6) 불안 (7) 동방 (8) 공사 (9) 한강 (10) 시간 (11) 형제 (12) 수중 (13) 일기 (14) 해외 (15) 생수 (16) 부녀 (17) 효자 (18) 자백 (19) 남북 (20) 교장 (21) 황금 (22) 가장 (23) 힘 력 (24) 물건 물 (25) 흙 토 (26) 먼저 선 (27) 문 문 (28) 어미 모 (29) 서녁 서 (30) 설 립 (31) 집 실 (32) 열 십 (33) 나무 목 (34) 한국/나라 한 (35) 임금 왕 (36) 빌 공 (37) 달 월 (38) 먹을/밥 식 (39) 사내 남 (40) 아래 하 (41) 백성 민 (42) 불 화 (43) ③ 青年 (44) ② 三寸 (45) ⑦ 午 (46) ⑨ 全 (47) ① 活 (48) ③ 足 (49) ⑧ 動 (50) ⑤ 平 (51) ② 每 (52) ⑩ 教 (53) ⑥ 答 (54) ④ 世 (55) ③ 右 (56) ④ 前 (57) 나라의 군대(군사) (58) 차가 다니는 길 (59) ⑥ (60) ⑩

※ 다음 밑줄 친 漢字語(한자어)의 音(음:소리)을 쓰세요. (1~22)

> **보기**
>
> 漢字 → 한자

(1) 우리나라는 國力(　　　)이 점점 커지고 있습니다.

(2) 여름에는 電氣(　　　)를 아껴 써야 합니다.

(3) 韓中(　　　) 두 나라는 오랜 친구 나라 입니다.

(4) 방송에서 手話(　　　)로 뉴스를 방영하고 있습니다.

(5) 공부하다가 먹는 間食(　　　)이 꿀맛입니다.

(6) 시험 칠 때는 잘 생각해서 正答(　　　)을 써야 합니다.

(7) 十月(　　　)에는 문화행사가 많이 열립니다.

(8) 예술 분야에서 성공한 분을 一家(　　　)를 이루었다고 합니다.

(9) 우리는 後世(　　　)에 아름다운 국토를 물려주어야 합니다.

(10) 우표를 모으는 것이 철수의 취미 生活(　　　)이다.

(11) 차려 자세는 不動(　　　) 자세입니다.

(12) 우리나라 아름다운 江山(　　　)을 잘 보존합시다.

(13) 조그맣게 농사짓는 사람을 小農(　　　)이라고 부릅니다.

(14) 글짓기를 잘 하려면 事物(　　　)을 잘 관찰해야 합니다.

(15) 東海(　　　)에는 좋은 해수욕장들이 많습니다.

(16) 오늘 午前(　　　)에는 축구 경기를 할 계획입니다.

(17) 孝道(　　　)는 우리나라가 세계에 자랑할 만한 전통입니다.

(18) 우리 학교는 每年(　　　) 운동회와 학예회를 엽니다.

(19) 스스로 공부하는 自學(　　　)의 습관을 들이면 좋습니다.

(20) 우리나라는 60만 大軍(　　　)을 가지고 있습니다.

(21) 그는 운동을 잘하기로 全校(　　　)에서 유명합니다.

(22) 오늘 三寸(　　　)과 자전거 여행을 하였습니다.

※ 다음 漢字(한자)의 訓(훈:뜻)과 音(음:소리)을 쓰세요. (23~42)

보기
字 → 글자 자

(23) 上 (　　　)　　(24) 木 (　　　)

(25) 先 (　　　)　　(26) 水 (　　　)

(27) 白 (　　　)　　(28) 子 (　　　)

(29) 土 (　　　)　　(30) 直 (　　　)

(31) 母 (　　　)　　(32) 名 (　　　)

(33) 萬 (　　　)　　(34) 空 (　　　)

(35) 敎 (　　　)　　(36) 場 (　　　)

(37) 時 (　　　)　　(38) 父 (　　　)

(39) 漢 (　　　)　　(40) 靑 (　　　)

(41) 火 (　　　)　　(42) 足 (　　　)

※ 다음 밑줄 친 성어의 빈 칸에 들어갈 漢字語(한자어)를 〈보기〉에서 골라 그 번호를 쓰세요. (43~44)

보기
① 八九　② 七日　③ 東男　④ 南男

(43) 런던올림픽에서 양궁은 十中(　　　　) 한 국이 우승할 것입니다.

(44) 예로부터 우리나라에서는 (　　　　)北女 라 일컬어 왔습니다.

※ 다음 訓(훈:뜻)과 音(음:소리)에 맞는 漢字(한자)를 〈보기〉에서 골라 그 번호를 쓰세요. (45~54)

보기
① 平　　② 民　　③ 記　　④ 長
⑤ 下　　⑥ 安　　⑦ 室　　⑧ 姓
⑨ 西　　⑩ 方

(45) 집 실　　　　(　　　)

(46) 성 성　　　　(　　　)

(47) 모 방　　　　(　　　)

(48) 백성 민　　　(　　　)

(49) 평평할 평　　(　　　)

(50) 기록할 기　　(　　　)

(51) 편안 안　　　(　　　)

(52) 아래 하　　　(　　　)

(53) 긴 장　　　　(　　　)

(54) 서녘 서　　　(　　　)

※ 다음 漢字(한자)의 상대 또는 반대되는 漢字(한자)를 〈보기〉에서 골라 그 번호를 쓰세요. (55–56)

보기
① 兄　②工　③左　④王

(55) 右 ↔ (　　　)

(56) (　　　) ↔ 弟

※ 다음 漢字語(한자어)의 뜻을 쓰세요. (67–68)

(57) 市立 (　　　)

(58) 內外 (　　　)

※ 다음 漢字(한자)에 표시한 획은 몇 번째 쓰는지 〈보기〉에서 찾아 그 번호를 쓰세요. (69–70)

보기
① 첫 번째　② 두 번째
③ 세 번째　④ 네 번째
⑤ 다섯 번째　⑥ 여섯 번째
⑦ 일곱 번째　⑧ 여덟 번째
⑨ 아홉 번째　⑩ 열 번째

(59) 農

(60) 電

※ 다음 밑줄 친 漢字語(한자어)의 音(음:소리)을 쓰세요. (1−22)

보기
> 漢字 → 한자

(1) 왕이 <u>世子</u>(　　)에게 왕위를 물려주었습니다.

(2) 소년 <u>家長</u>(　　)이 된 그 애는 열심히 공부합니다.

(3) 손을 다리와 <u>水平</u>(　　)이 되게 쭉 뻗었습니다.

(4) 조금 전에 선생님한테 <u>電話</u>(　　) 왔었어요.

(5) 경기가 회복되어 수출이 <u>活氣</u>(　　)를 띕니다.

(6) 그는 부모의 도움 없이 <u>自立</u>(　　)하였습니다.

(7) 모형 비행기를 옥상에서 <u>空中</u>(　　)으로 날렸습니다.

(8) 폭우로 강물이 <u>車道</u>(　　)에까지 범람하였습니다.

(9) 주인은 손님들의 <u>間食</u>(　　)으로 과일을 내왔습니다.

(10) 이 박물관은 휴일에만 일반 <u>市民</u>(　　)에게 개방됩니다.

(11) 내일이 내 <u>生日</u>(　　)입니다.

(12) 아이들은 <u>敎室</u>(　　)이 떠나가게 떠듭니다.

(13) 오늘 <u>午後</u>(　　) 여섯 시로 약속했습니다.

(14) 그녀는 심청이도 부끄러울 만큼 <u>孝女</u>(　　)입니다.

(15) 아버지는 자동차 <u>工場</u>(　　)에 다니십니다.

(16) 합격자 명단을 <u>校門</u>(　　)에 붙였습니다.

(17) 많은 <u>動物</u>(　　)이 먹이가 없는 겨울 동안 동면합니다.

(18) 대학 도서관의 장서가 <u>每年</u>(　　) 증가합니다.

(19) 답안지에 <u>正答</u>(　　)을 적으시오.

(20) 그녀는 <u>兄弟</u>(　　)가 많은 집에서 자랐습니다.

(21) 무장한 <u>軍人</u>(　　)들의 행렬이 지나갑니다.

(22) 파도에 여객선이 <u>左右</u>(　　)로 흔들립니다.

※ 다음 漢字(한자)의 訓(훈:뜻)과 音(음:소리)을 쓰세요. (23-42)

> 보기
>
> 字 → 글자 자

(23) 記 (   ) (24) 學 (   )

(25) 東 (   ) (26) 小 (   )

(27) 木 (   ) (28) 不 (   )

(29) 三 (   ) (30) 白 (   )

(31) 一 (   ) (32) 外 (   )

(33) 火 (   ) (34) 九 (   )

(35) 寸 (   ) (36) 方 (   )

(37) 八 (   ) (38) 父 (   )

(39) 南 (   ) (40) 下 (   )

(41) 土 (   ) (42) 先 (   )

※ 다음 밑줄 친 단어의 漢字語(한자어)를 〈보기〉에서 골라 그 번호를 쓰세요. (43-44)

> 보기
>
> ① 七月   ② 萬全   ③ 直前   ④ 北韓

(43) 잠들기 직전(   )에는 음식을 안 먹는 것이 좋다.

(44) 우리는 장마철 사고에 만전(   )을 기해야 한다.

※ 다음 訓(훈:뜻)과 音(음:소리)에 맞는 漢字(한자)를 〈보기〉에서 골라 그 번호를 쓰세요. (45-54)

> 보기
>
> ① 時   ② 十   ③ 力   ④ 農
> ⑤ 王   ⑥ 上   ⑦ 金   ⑧ 母
> ⑨ 姓   ⑩ 五

(45) 열 십 (   )

(46) 농사 농 (   )

(47) 다섯 오 (   )

(48) 임금 왕 (   )

(49) 성 성 (   )

(50) 때 시 (   )

(51) 어미 모 (   )

(52) 위 상 (   )

(53) 힘 력 (   )

(54) 쇠 금 (   )

※ 다음 漢字(한자)의 상대 또는 반대되는 漢字(한자)를 〈보기〉에서 골라 그 번호를 쓰세요. (55~56)

보기

①男　②名　③手　④山

(55) 江 ↔ (　　　)

(56) (　　　) ↔ 足

※ 다음 漢字語(한자어)의 뜻을 쓰세요. (67~68)

(57) 國內　(　　　)

(58) 大事　(　　　)

※ 다음 漢字(한자)에 표시한 획은 몇 번째 쓰는지 〈보기〉에서 찾아 그 번호를 쓰세요. (69~70)

보기

① 첫 번째　②두 번째
③ 세 번째　④네 번째
⑤ 다섯 번째　⑥여섯 번째
⑦ 일곱 번째　⑧여덟 번째
⑨ 아홉 번째　⑩열 번째

(59) 

(60)

정답

(1) 남 (2) 산 (3) 학 (4) 동 (5) 금 (6) 토 (7) 형 (8) 오 (9) 선 (10) 청 (11) ⑦ 母 (12) ⑤ 大 (13) ④ 敎 (14) ① 弟 (15) ⑩ 六 (16) ② 白 (17) ⑧ 父 (18) ⑨ 長 (19) ⑥ 日 (20) ③ 外 (21) ④ 小 (22) ① 九 (23) ③ 木 (24) ⑦ 水 (25) ② 七 (26) ⑥ 國 (27) ⑨ 中 (28) ⑩ 人 (29) ⑤ 校 (30) ⑧ 八 (31) 해 년 (32) 계집 녀 (33) 녁 사 (34) 날 생 (35) 한 일 (36) 마디 촌 (37) 불 화 (38) 일만 만 (39) 문 문 (40) 북녘 북 (41) ⑧ 군사 (42) ② 백성 (43) ③ 임금 (44) ⑦ 열 (45) ① 집 (46) ④ 석 (47) ⑤ 달 (48) ⑥ 서녁 (49) ⑤ (50) ⑦ (51) ⑧ 군사 (52) ② 백성 (53) ③ 임금 (54) ⑦ 열 (55) ① 집 (56) ④ 석 (57) ⑤ 달 (58) ⑥ 서녁 (59) ⑤ (60) ⑦